Cómo desarrollar su intuición

Bernard Baudouin

CÓMO DESARROLLAR SU INTUICIÓN

dve
PUBLISHING

Traducción de Ariadna Martín Sirarols.

Diseño gráfico de la cubierta de © E. Gueyne/esprit-photo.com.

© Editorial De Vecchi, S. A. 2018
© [2018] Confidential Concepts International Ltd., Ireland
Subsidiary company of Confidential Concepts Inc, USA
ISBN: 978-1-68325-763-9

Índice

Introducción

Al ver la vida marcada por la velocidad, la imparable superación de los antiguos límites, la búsqueda de resultados cada vez mejores, las actividades racionales y programadas, el rechazo a todo lo que no es productivo, uno se pregunta qué queda de humano en nuestras decisiones, en nuestros actos, en nuestro trayecto vital.

Sin duda, nuestra civilización ha llegado a un punto de desarrollo nunca alcanzado antes. Vivimos en un mundo ultramoderno, un universo en el que la tecnología aleja día a día los límites de la razón, donde la alta definición de la imagen y la información en tiempo real nos conectan con todos los puntos del planeta. Gracias a la magia de los ordenadores, sabemos explorar, descubrir, descifrar, construir, podemos concebir o divertirnos en tres dimensiones.

Bajo el impulso de súbitas extensiones, nuestras megalópolis se hacen tentaculares, adoptan el aspecto de dibujos animados futuristas. La ciudad de antaño, enriquecida con una cultura profundamente anclada en nuestras raíces, deja paso a la ciudad dormitorio, desierta durante el día y llena por la noche, que embruja a todos los que olvidaron la urgencia y la productividad por el camino.

A algunas personas les gusta ver en estos excesos, legitimados por nuestra época, la señal de una degeneración fríamente consentida por un cientificismo forzado, una deshumanización de nuestra sociedad, que a largo plazo podría poner en peligro el futuro del ser humano. Deben recordarse las desafortunadas experiencias de otras civilizaciones, desaparecidas por haber olvidado demasiado pronto hasta dónde no había que llegar.

Sin embargo, si hablamos de la memoria justamente, por qué no recurrir también a aquella que se encuentra en lo más profundo de cada uno de nosotros. A esa fuente luminosa y vibrante que vive en todo ser humano y que nos puede conducir por el camino de una realización plena y completa, mucho más que cualquier directiva oficial.

Porque una de las principales enseñanzas de todas las civilizaciones que nos han precedido es reconocer, admitir que el hombre dispone en su interior de todos los recursos necesarios para efectuar las elecciones más juiciosas para su trayectoria vital. Ante todo, deberemos definir de lo que se trata, para que no se produzca ninguna ambigüedad sobre la naturaleza exacta de este conocimiento, profundo e íntimo, inherente al ser humano.

El mundo en el que vivimos está regido por leyes que se aplican a nuestros sentidos. Así es como la comprensión del universo que nos rodea y en el que nos sumergimos a largo plazo transita por nuestra vista, oído, tacto, gusto y olfato: nuestros cinco sentidos nos sirven para dilucidar el entorno, todos los datos que forman nuestra inteligencia y nuestra identidad cultural. Con todo, hace ya más de cuatro décadas, los científicos demostraron que esta concepción del mundo con sólo los límites de nuestros cinco sentidos era estrecha y limitada, ya que únicamente recogía una parte de la realidad en su integridad.

Porque más allá de lo inmediatamente perceptible, de lo concretamente sensible, existe, en realidad, toda una franja de sensaciones y percepciones que escapa, si no al control a posteriori, al menos al dominio de nuestra mente y nuestros sentidos cuando se produce. En esta tierra de nadie de la expresión y la comunicación informal, de impresiones frágiles y fugitivas, de contactos con los límites de la razón, es por donde nos aventuraremos hoy.

La intuición es uno de esos fenómenos que se sitúan en la frontera de nuestra normalidad sensitiva diaria. No es completamente «paranormal» en el sentido moderno del término, sino que está fuera de las referencias habituales que constituyen «oficialmente» nuestro universo.

Cuando surge, cuando se afirma y se impone sin consideración para lo que estamos viviendo, la intuición aporta, añade, enriquece de forma incontestable nuestro bagaje sensitivo. A menudo, sin que nos demos cuenta, nos hace entrar en otra dimensión, dando bruscamente un matiz diferente a lo que estamos viviendo.

A través de la intuición, súbitamente descubrimos que puede vivirse otra relación con el conocimiento. Por ese extraordinario surgimiento de un saber inmediato, lejos de toda lógica y de toda voluntad programada, nos vemos confrontados con los límites de nuestra conciencia, con las eternas incertidumbres de la comprensión, con las verdades «relativas» de nuestra civilización con los sentidos enfermos.

Y, sin duda, no es casualidad que la intuición nos toque a veces con su luz benefactora, para tranquilizarnos, para asegurarnos a su manera que, más allá de las reglas y las leyes de un mundo que corre demasiado, que a menudo pierde la cabeza, existen pruebas para compartir, sutiles mensajes que escuchar y después meditar. Como una luz que de vez en cuando nos muestra el camino hacia nosotros mismos.

Ya no se trata entonces de un simple fenómeno puntual que tendría sólo un valor anecdótico, sino, por el contrario, de la emergencia de una parte de nuestro ser más íntimo, más secreto, que hasta ahora permanecía prudentemente escondida en los recovecos de lo vivido. Como un velo corrido sobre una vida interior que todavía no nos habíamos detenido a explorar y, sobre todo, a la que no habíamos dejado expresarse.

Nuestra búsqueda de la intuición manifiesta entonces su verdadero rostro, que, más allá de las palabras, no es otro que un camino de despertar hacia nuestra vida interior, hacia esa parte de nuestra persona que en todas las circunstancias permanece invisible e impalpable, pero no menos esencial para nuestro recorrido. Acechar, escuchar, acercarse, desarrollar nuestra intuición se imponen como oportunidades para atravesar ese límite entre lo exterior y lo interior, un mundo real y un universo virtual, que den un nuevo sentido a nuestra bipolaridad inicial.

Porque quizás hayamos olvidado, por un efecto perverso del mundo moderno, que nuestra existencia es tanto interna como externa, que nuestros impulsos vitales, a falta de expresarse plenamente, son a menudo más fuertes dentro que fuera de nosotros mismos.

Dejemos de pensar demasiado y de reflexionar, de perdernos en comportamientos estereotipados y otras actitudes artificiales, con el pretexto de aparentar una normalidad de buen tono. Solamente existe una verdad: la que está en lo más profundo de cada ser, y surge de vez en cuando con una agudeza y una precisión incomparables.

Dejemos simplemente que la intuición nos «vuelva a conectar» con nosotros mismos...

Primera parte

DEFINICIÓN

... es sin dudarlo allí,
en el fuero interno de cada persona,
en las situaciones con mayores implicaciones
y más extremas,
donde la intuición revela su auténtica riqueza,
ejerce su papel más auténtico:
cuando el hombre se enfrenta a sí mismo,
a su naturaleza profunda,
solo, de pie frente al mundo,
para tomar decisiones fundamentales
que comprometen su trayectoria futura,
todo su ser súbitamente atento a la menor señal,
escuchando el universo para percibir
sus múltiples aspectos y fortalecerse en la fuente de la vida.

Nuestro universo de hoy, centrado en la velocidad y los resultados, deja poco espacio para dedicar tiempo a nuestra persona. Nuestra existencia diaria está marcada por los horarios, las exigencias, las obligaciones, las citas... y tantas otras referencias inherentes a la vida en sociedad.

Se cuenta, se regula, se trocea y se rentabiliza el tiempo. Nada ni nadie escapan a este, sean cuales sean su edad o su condición. «Hay tiempo para todo», dice la voz popular, excepto para nuestra persona, puesto que a las obligaciones del sistema en el que vivimos se suman, sin duda, las necesidades —mediáticas o de cualquier otro tipo— sabiamente creadas por este mismo sistema... ¡El consumo obliga!

Teniendo esto en cuenta se entiende mejor por qué, en general, la intuición es considerada por el común de los mortales como un fenómeno completamente marginal y aleatorio, esporádico y de poco valor. Lo menos que podemos decir es que no constituye el centro de debates de interés general. De la intuición se habla poco, se evoca raramente —si no es para sonreír—, apenas se pierde tiempo para ver si existe y seguir sus directrices. En resumen, en un análisis tan rápido como superficial, todo nos lleva a pensar que no es muy importante.

Hemos olvidado pronto que en todas las épocas la intuición, por su insólita y ejemplar naturaleza, por su sorprendente perspicacia y sus imprevistos surgimientos, ha despertado la curiosidad y ha suscitado el interés de muchos pensadores, ha inflamado la imaginación de un gran número de soñadores y se ha prestado a los análisis de algunas de las mentes más brillantes de nuestro siglo. Porque una de las características de la intuición, además de implicar a todas las personas sin distinción de edad, sexo o raza, es que es susceptible de aparecer en todos los campos, en todas las situaciones, en cualquier momento del día o de la noche, en cualquier punto del globo terrestre en el que nos encontremos.

Pero más allá de las imágenes, de las sensaciones que vehicula, de la corrección de su mensaje, la intuición fascina porque parece surgir bruscamente de la nada, llegar de ninguna parte e imponerse de repente con una precisión perturbadora.

Procede al mismo tiempo de lo *desconocido*, por su mecanismo de desencadenamiento, y de lo *conocido*, por su contenido imprevisto y sorprendentemente significativo.

Aquí, en esta zona de la comprensión y el conocimiento, cuyos límites son inciertos, donde los impulsos, las sensaciones y los interrogantes se mezclan sabiamente, dejándonos perplejos y con pocas explicaciones, es por donde nos encaminaremos a continuación...

Capítulo 1
Un extenso campo de observación

La comprensión ha sido siempre uno de los motores de la evolución humana.

Durante mucho tiempo, el esfuerzo de comprensión se ha centrado en el exterior de la persona, tanto que nos resultaba esencial percibir y captar con la máxima precisión la realidad y la densidad de todo lo que nos rodeaba. A medida que se desarrollaba la civilización, la necesidad de saber siguió creciendo hacia lo externo, pero también se «reorientó» hacia el propio ser, hacia todo lo que este encierra en lo más profundo de su ser.

La ciencia y la medicina han pasado las etapas del conocimiento una por una; el pensamiento también se ha fraguado un camino por los meandros y los mecanismos de nuestra mente, para comprender sus engranajes y su funcionamiento. Es, por tanto, muy lógico que, siguiendo las líneas de las primeras investigaciones e interrogantes, la intuición se haya convertido hoy en día en nuestro campo de investigación.

También debe verse en ello un signo de nuestro tiempo, de este principio del siglo XXI en el que las tecnologías avanzadas, la gestión del tiempo y la mecanización nos llevan con naturalidad al interés por nosotros mismos. Es cierto que hemos descubierto muchas cosas sobre nuestro entorno —desde la electricidad hasta los vuelos por la órbita terrestre—, ¡pero queda tanto por descubrir en el interior del ser humano!

Sin embargo, su propia naturaleza convierte a la intuición en un tema de estudio particularmente interesante. En efecto, representa una especie de «parada natural» entre las dimensio-

17

nes interna y externa de nuestra existencia: ciertamente aparece en nuestro fuero *interno*, imponiéndose a nuestra conciencia, pero es para ayudarnos a dominar y gestionar mejor el *exterior*, a optar por uno u otro comportamiento o a aplazar una decisión. En este sentido, se presenta, sin duda, como una gran baza en nuestra trayectoria vital, tanto desde un punto de vista humano como social, que parece obligatoria para entenderla y utilizarla mejor.

Definir la intuición

No se puede abordar razonablemente un tema como la intuición, cargado de tantos sentidos, sin intentar ofrecer, antes de nada, una definición tan precisa como sea posible. El único problema consiste en que, a pesar de lo que pueda parecer, la intuición no es tan simple como pueda creerse.

Se aborde como se aborde, la intuición está íntimamente relacionada con tres parámetros esenciales: nuestra sensibilidad, una determinada visión de la realidad y un carácter inmediato. De su sabia y misteriosa imbricación nace un conocimiento cuya primera particularidad es no tener ninguna relación con ninguna actividad creadora de la mente.

Esto es lo mismo que decir —y este aspecto es especialmente importante— que la intuición, en su brillantez instantánea, no debe nada a la razón. No obstante, intuición y razón no pueden oponerse categóricamente, ya que, como veremos más adelante, existen determinados elementos que permiten relacionarlas.[1]

Por ello, en su fundamento inicial, la intuición escapa a todo acercamiento consciente y metódico en lo referente al contenido de su mensaje. Se asemeja más a un saber inmediato, sin recurrir al intelecto. Su universo es el de la sensación, la presciencia, lo impalpable y lo sutil, el saber inmediato sin ninguna base intelectual. Es una evidencia que se impone de repente,

1. Especialmente entre las técnicas de desarrollo de la intuición.

18

lejos de la lógica y el razonamiento, sin preocuparse del contexto o del momento. En este sentido, se trata, efectivamente, de una relación original con el tiempo y el conocimiento.

Por otra parte, también parece necesario ponerse de acuerdo sobre la forma de dicho conocimiento, ya que, tal y como confirman muchos testimonios, a menudo se trata de un conocimiento anticipado. El proceso intuitivo se interpreta entonces como un presentimiento —literalmente un «pre-sentimiento»—, lo cual resulta bastante sugestivo, dados la forma y el momento en que ocurre el fenómeno.

Sean cuales sean su origen, su forma o la definición con la que lo adornemos, este «saber» intuitivo existe en nosotros. Forma parte de nuestros recursos, de esa paleta de expresiones sorprendentemente diversificada que constituye nuestro ser, y aporta a nuestras facultades su auténtico relieve. En la tercera parte de esta obra veremos cómo puede convertirse en uno de nuestros bagajes más preciosos.

Uno de los mayores intereses de la intuición reside, sin duda, en que nos es propia. Nadie, ninguna estructura, ninguna «buena voluntad» tiene poder sobre ella. Es completamente interna y autónoma, no se somete a ninguna influencia y se revela, en todos los casos e independientemente del contenido de su mensaje, como una experiencia muy personal.

La perturbadora evidencia de este saber que parece surgir de ninguna parte, junto a una muy fuerte sensación de certidumbre, aporta a menudo una nueva luz a lo vivido. En este sentido, la intuición debe considerarse, sin ninguna duda, como una de nuestras facultades, aunque no dominemos sus parámetros. Se manifiesta con simpleza, de forma espontánea, como «otra visión» de la realidad en la que evolucionamos con normalidad. Justamente esta función de otra «mirada» es la que confiere a la intuición todo su valor, ya que lo que nos rodea no será apreciado desde el exterior con la mirada física, sino desde el interior, con un profundo conocimiento hasta entonces insospechado.

Lo que se manifiesta de este modo en nuestra conciencia no tiene nada que ver con ningún intermediario o medio de comunicación exterior que imprimen, como de costumbre, su información sobre nuestra pasividad, sino que procede, por el contrario, de una fuente interior, ciertamente inconsciente, pero tan aguda como sea necesario para considerarla una fuente de conocimiento.

Aparte de la razón, además de la conciencia, desconectada de las fuentes clásicas de información, y manteniendo todas las proporciones, la intuición nos hace pensar en una estrella fugaz que fascina de repente por su súbito brillo, pero que desaparece tan rápidamente como ha aparecido, dejando sólo a su paso su sorprendente certeza. En ese instante, un poco fuera de tiempo, alejada de todas las definiciones clásicas, la persona que vive la intuición no piensa, no reflexiona: sabe.

Esta improvisada espontaneidad del conocimiento —que recuerda, sin duda, los *flashes* de videncia descritos por los médium— es propia de la intuición. De hecho, estudios muy importantes relacionan la intuición con algunos fenómenos psíquicos y la consideran una de las facultades más secretas y auténticamente humanas.

De ahí a otorgarle el pomposo título de *sexto sentido*, muy apreciado por el imaginario popular, hay sólo un paso, que efectúan tranquilamente muchas personas. Pero hacerlo sería despachar muy deprisa el asunto, ya que el fenómeno de la intuición procede de un mecanismo mucho más complejo que el sentido estrictamente «físico». Esto no impide que la intuición tenga como efecto modificar el nivel de conciencia del que la vive; en este sentido, se asemeja, evidentemente, a los fenómenos de percepción extrasensorial.[2]

La intuición, expresión de un saber inconsciente, desborda ampliamente el campo de los conocimientos adquiridos y se erige como un verdadero «lenguaje interior» —indiscutiblemente de carácter a menudo simbólico—, muy presente, susceptible de intervenir en todo instante en nuestra trayectoria diaria. Cuando el mundo nos arrastra hacia una multitud de acciones exteriores y de intervenciones dispares, provocando

2. Bernard Baudouin, *Les Phénomènes de perception,* Éditions De Vecchi, 1996.

que a veces lleguemos a perder el hilo conductor, la intuición nos permite tomar contacto de nuevo con nuestra fuente más íntima y profunda, la más auténtica, la menos «contaminada psíquicamente» por la vida en comunidad.

En pocas palabras, la intuición representa, sin duda, una de las riquezas más esenciales del ser humano. Además, es susceptible de intervenir en todos los campos de nuestra existencia, de tocar el conjunto de nuestros centros de interés, de inmiscuirse en nuestras mínimas preocupaciones. Y lo hace simplemente porque existe en lo más profundo de cada persona y, de hecho, se encuentra implicada en toda nuestra existencia.

Por ello se entiende mejor por qué el interés por la intuición se ha llegado a considerar un campo de investigación casi ilimitado. Mucho más que un fenómeno esporádico y aleatorio, en realidad lo que vamos a tratar en la presente obra es la propia naturaleza humana, en sus aspectos más íntimos y secretos.

Al entreabrir la puerta a la intuición, con el pretexto de una curiosidad legítima, con quien realmente concertamos una cita es con nosotros mismos.

Otra mirada a la realidad

Antes de adentrarnos más en el fantástico mundo de la intuición, debemos detenernos un instante en lo que nos permite día a día vivir y comunicarnos con nuestros semejantes, es decir, nuestra percepción de la realidad.

En efecto, la vida de toda persona se asienta sobre su percepción, su comprensión y su interpretación de lo que la rodea. Por así decirlo, sólo a través de estos filtros podemos existir. Aceptamos como real lo que perciben nuestros cinco sentidos; asumimos como realidad lo que nos permite entender nuestra cultura; por último, nuestro intelecto nos ofrece la posibilidad de interpretar tal o cual aspecto de nuestras percepciones y hacer —o no— de él una realidad.

Este último punto es particularmente crucial, ya que significa que sólo aceptamos como realidad lo que somos capaces de entender. Y este es justamente el problema de la intuición, ya que, como hemos visto, no es el resultado de ninguno de nuestros sentidos.

Con todo, la ciencia, haciéndose eco de las más antiguas tradiciones espiritualistas, ha demostrado, desde hace mucho tiempo, que el mundo no se detiene en el límite de lo que percibimos: ¡no percibir un fenómeno no significa que no exista! Esto es especialmente cierto para los ultrasonidos o los rayos X, que son imperceptibles para nosotros y, no obstante, constituyen fenómenos vibratorios indiscutibles.

Esto nos conduce a admitir que lo que consideramos como la realidad es a menudo muy relativo, constituye sólo un aspecto parcial de ella y depende, sobre todo, de nuestra apertura de mente, de la importancia que queramos otorgar a todo lo que percibimos y no entendemos. ¿De qué puede servirnos? Simplemente para abrir nuestro cuerpo y nuestra mente a otros campos de fuerza, a otros modos de percepción y, a fin de cuentas, a la creencia en una realidad más amplia de la que considerábamos en un principio.

Porque la gran lección que debemos recordar, desde el momento en que nos interesamos por nuestras percepciones y nuestra conciencia de la realidad, es que *lo vivido está estrechamente ligado a nuestras creencias*. Dicho con otras palabras, admitir —sin explicarlo de momento— que la intuición es un modo de percepción total sobre lo mental, que prepara nuestra mente y todo nuestro ser para vivir muchos más fenómenos de este tipo.

Seamos claros, no se trata de descubrir «otra» realidad, sino más bien de desvelar, por fin, algunos aspectos ocultos de nuestra realidad de cada día. Esta mirada diferente sobre la realidad, considerándola, no como algo terminado y cerrado, sino más bien como una etapa que está todavía sin explorar, nos depara sorprendentes descubrimientos y nos permite dejar el campo libre a fascinantes experiencias.

Una idea esencial que debe admitirse, de una vez por todas, ya que nos servirá en otros campos, es que *el mundo no se limita a la visión que de él tenemos*. Desafortunadamente, a menudo las creencias de los seres humanos son las que limitan su campo de experiencia y, asimismo, su comprensión, su aceptación del mundo. *La realidad es una. Son las personas, en su complejidad y sus diferencias, con su mirada matizada, quienes la ven sólo de forma parcial o truncada.*

Una de las principales funciones de la intuición, a su manera, es abrir nuestra mente a lo que realmente es la realidad, llevar de pronto a nuestra conciencia una visión más amplia de una situación en la que estamos implicados. En este sentido, la intuición no representa sólo un fenómeno de carácter anecdótico, es mucho más que eso. Cabe ver en ella una apertura, una mirada de diferente envergadura sobre nuestra cotidianeidad. En una palabra, una conciencia ampliada, finalmente susceptible de abarcar toda la realidad, de permitirnos existir, de realizarnos de forma plena y total.

La experiencia de la intuición adquiere entonces una nueva dimensión, diferente a la habitual hasta ese momento, cuando de repente una súbita sensación «impresionaba» nuestros sentidos. Atravesando el límite de lo desconocido, que la cubría hasta entonces, se manifiesta como un modo de funcionamiento mucho más natural y habitual de lo que imaginamos.

Es fácil pensar que la intuición está estrechamente relacionada —a la fuerza— con la evolución del ser humano, especialmente cuando este contaba sólo con sus propios recursos para afrontar las pruebas de la existencia. Y, sin duda, en el fuero interno de cada persona, en las situaciones de mayor implicación y más extremas, es donde la intuición desvela su mayor riqueza y desempeña su auténtica función: cuando la persona se enfrenta a sí misma, a su profunda naturaleza, sola frente al mundo para tomar sus decisiones fundamentales, que afectan a su trayectoria futura, con todo su ser completamente atento a la mínima señal, escuchando el universo para percibir sus múltiples aspectos y fortaleciéndose en la fuente de la vida.

Capítulo 2
Las diferentes formas de intuición

Abordar un tema como la intuición requiere un cierto «condicionamiento» que pasa por una gran precisión sobre el alcance de los fenómenos observados.

En primer lugar, la intuición se manifiesta como un tema susceptible de ser analizado, por el hecho de que se nos presenta con formas distintas y en múltiples contextos. Para poder captar mejor la amplitud y la complejidad del fenómeno intuitivo, resulta interesante examinar el conjunto de manifestaciones que se pueden producir. Para ello, basta con prestar una mínima atención a los incontables ejemplos, algunos en forma de relatos, que hallamos en casi todos los ámbitos de nuestra vida personal y social.

Dicha intuición, que se ha considerado relativamente poco frecuente, en la actualidad está más presente en nuestra existencia de lo que la persona desea admitir. Tanto en privado, en nuestros pensamientos más íntimos, como en nuestras relaciones familiares o en nuestra vida profesional, con un poco de costumbre aprendemos muy pronto a buscar y localizar la intuición en todos los momentos importantes, especialmente cuando es preciso tomar una decisión crucial o efectuar una elección esencial en nuestra vida.

Si antes no la notábamos, era simplemente porque la intuición es un elemento que se integra en el funcionamiento normal de nuestra mente y porque, desde nuestra más tierna edad, instintivamente escuchamos sus mensajes o tenemos en cuenta sus avisos, sin reflexionar sobre el proceso en cuestión.

Desde siempre, una particularidad del ser humano

En realidad, si se mira atentamente, la intuición se encuentra en todas partes. Y siempre ha sido así, mucho más allá de donde se remonta la memoria de la humanidad. En todas las sociedades, en todas las etapas de nuestra civilización —incluso en las de las que nos precedieron—, han existido referencias a individuos particularmente intuitivos, capaces de «sentir» las cosas, o incluso a los seres, de tener de pronto una visión de lo que sucederá, en los buenos y malos momentos, para emprender una u otra acción.

Se trata de personas sin una particular educación, muy próximas, por el contrario, a la naturaleza y a la esencia de las cosas, a la sensibilidad, que curiosamente reciben todo tipo de «señales» que no pueden compartir con sus congéneres, porque no se pueden formular ni traducir al lenguaje corriente y sólo pueden asimilarse a «impresiones» o a un saber inmediato que trastorna su entorno. En especial, en algunos pueblos primitivos se encuentran huellas de comportamientos extraños, donde se mezclan instinto e inconsciencia, que hacen que en un momento determinado se «sepan» las cosas, sin ni siquiera haber pensado en ellas previamente.

Este mismo principio de «conocimiento instantáneo» se encuentra en unos seres particularmente sensibles, los niños; en efecto, por naturaleza son sorprendentemente receptivos y, a menudo, su comprensión supera de largo su elocución. Ese conocimiento es implícito y no verbal, y se relaciona con el aspecto receptivo, más que expresivo, de la esfera afectiva, todavía no iniciada en las formulaciones abstractas de los adultos. Mucho antes de entender su sentido, el niño «siente», «percibe», se encuentra bien a su pesar en comunión vibratoria con los hechos o los seres.

Cómo no recordar, también, la famosa «intuición femenina», que hace sonreír a muchos hombres y que, sin embargo, a menudo resulta mucho más pertinente que los grandes discursos y las reflexiones de estos últimos. Una vez más, la sensibilidad

—incluso la ultrasensibilidad, esa alta capacidad de percibir las intenciones latentes—, en una especie de paréntesis extraintelectual, cuyo acceso aparentemente resulta más difícil para el género masculino, supera la lógica y el razonamiento. Es preciso reconocer, en toda su objetividad, la pertinencia de las intuiciones femeninas —de las que se dice que podrían estar relacionadas con particularidades biológicas de este sexo—, de ese conocimiento inducido fuera de toda presuposición racional, que en numerosas ocasiones trastorna, pero que, en contra de lo esperado, resulta temiblemente exacto.

Intuición e imaginación

Uno de los primeros ámbitos donde podemos tomar conciencia de nuestra intuición es, sin duda, en la imaginación. Sabemos que el proceso imaginativo se alimenta de todos los elementos que pasan por la mente, consciente o inconscientemente, tanto si son reales, como si son abstractos. En este sentido, es normal que se tengan en cuenta los «impulsos» intuitivos que de vez en cuando afloran a la superficie de nuestra conciencia.

No es casualidad que los grandes pensadores, los creadores de todo tipo, los investigadores más prestigiosos, los inventores de renombre hayan admitido, antes o después, el papel ejercido por la imaginación intuitiva en sus trabajos.

En la fuente de toda invención del ser humano se encuentra necesariamente el razonamiento, pero también, en una proporción variable, una parte no despreciable de datos sin ninguna relación con el pensamiento, el intelecto o la conciencia. Entonces surgen imágenes, sonidos, asociaciones de ideas, pensamientos imprescindibles, certidumbres que orientan, matizan, aclaran e iluminan el contexto con su repentino brillo.

De pronto, algo más que una coincidencia se apodera de nosotros: es la sensación, a la vez extraña y embriagadora, de estar bruscamente conectado con una verdad esencial, inexplicable y, sin embargo, cierta; de haber abandonado el mundo material y tangible de lo conocido, pasando un límite invisible para penetrar en un universo de evidencias. En un curioso paréntesis de tiempo y espacio, las palabras y los pensamientos, los conceptos y las asociaciones de ideas... son un simple hilo de luz que parece vincularnos con la creación más pura. La elevación que se produce en ese momento genera un «sentimiento de liberación que se separa de todo lo que tienen en común los seres humanos y procura alivio y alegría. Un sentimiento también de coincidencia con el esfuerzo generador de la vida».[3]

Esto es lo mismo que decir que el poder de invención, cuya constancia al cabo de los años ha hecho que sea admirado por todos, está fuertemente teñido de una potencia intuitiva poco despreciable. En otras palabras, en muchos casos será la intuición la generadora de ideas, de invenciones, que proporcionarán a la imaginación el material para sus desarrollos creativos.

Intuición e intelecto

Así es como, adornada con este poder de generar ideas, de provocar en cierto modo mecanismos de invención, la intuición toma una dimensión intelectual y entra en el campo de la conciencia elaborada. Con las experiencias, trasciende su primera importancia, y se establecen nuevas relaciones entre lo conocido y lo desconocido, para pronto mutar hacia un acto de completa inteligencia.

Tal y como recordábamos anteriormente, el «saber inmediato» de la intuición, por su asombrosa perspicacia, no puede negarse y representa indiscutiblemente una forma de inteligencia. Es fácil dar el paso de la inteligencia al conocimiento con la mente que racionaliza y formaliza el saber intuitivo. A partir de ahí, la intuición, más allá de su primer surgimiento, accede a un segundo nivel de concreción y se encuentra íntimamente relacionada con el intelecto.

---

3. Jeanne Bernis, *L'Imagination,* Presses Universitaires de France, col. «Que sais-je?», 1969.

En este sentido, la intuición debe considerarse como el punto de partida del conocimiento, el fundamento inicial en el que la mente realiza entonces su análisis reflexivo y crea conceptos, establece relaciones entre las sensaciones, porque así lo decía el filósofo alemán Emmanuel Kant (1724-1804): «Las intuiciones sin concepto son ciegas».

Intuición y matemáticas

Uno de los ejemplos más significativos en materia de intuición a la vez imaginativa e intelectual se sitúa, sin duda, en el campo complejo —y a menudo considerado ingrato— de las matemáticas. En efecto, contra todo lo esperado, el campo de la investigación matemática se manifiesta como un terreno de exploración casi ilimitado y recurre a todas las capacidades mentales y psíquicas, intuitivas y conceptuales del ser humano.

Muy lejos de la tradicional frialdad que los no especialistas reservan a estos temas, sugiriendo parecidos entre las nociones matemáticas, la intuición supera el estadio de la única sensibilidad y alcanza otras cimas, demostrando una sutileza pocas veces igualada: «En este universo específico, la intuición sensible, tal como se encuentra en la percepción (...), ya no puede intervenir, proporciona objetos al pensamiento prematemático. Entre estos objetos se realiza de forma aproximada un carácter común. La imagen sensible da una visión global de un conjunto en el que se aplica una misma propiedad. Es una intuición que puede despertar nociones que no tienen su origen en la experiencia. Otro tipo de intuición se produce en la mente del matemático que trata los datos matemáticos "como seres familiares" entre los que entrevé relaciones. Así es como se aplicará un tipo de intuición más sutil que la intuición inmediata, y esta hará surgir tanto una afiliación que pueda ir hasta la equivalencia de problemas distantes en un principio, como categorías de objetos que pueden diferir en cuanto a su naturaleza, pero que dan lugar a un mismo sistema de relaciones. Percibir tales posibilidades es propio de la intuición prolongada. Así, la aplicación del cálculo de imaginarios a la geometría deja aparecer una diversidad de sistemas geométricos. Es pues la intuición imaginaria la que sugiere parecidos entre las nociones matemáticas. La geometría de las transformaciones es su mejor ejemplo».[4]

Un fenómeno con múltiples rostros

Hasta el momento hemos recordado la presencia y el papel de la intuición en el universo de las matemáticas, pero habríamos podido hacer lo mismo en muchos ámbitos profesionales,[5] que día a día ven cómo la intuición influye notablemente —a menudo sin hacer demasiado ruido y pasando desapercibida— en el curso de las cosas.

¿Cómo no detenerse ni un instante en el mundo de los creadores, que por esencia son los más susceptibles de escuchar? Nadie puede intentar hablar razonablemente de un escritor, un músico o un pintor, un escultor o un investigador sin mencionar la parte de intuición que entra en la propia naturaleza de su trabajo.

No faltan ejemplos famosos: desde Beethoven, que decía escribir bajo el dictado de un Espíritu, hasta Baudelaire, que contaba que su inspiración no dejaba de rondarle, pasando por el pintor Eugène Delacroix o el escritor Antoine de Saint-Exupéry, que confesaba que la «iluminación es sólo la visión repentina, a través de la mente, de un camino largamente preparado», sin olvidar a Albert Einstein, que reveló que su teoría de la relatividad se le apareció en sueños, o Arquímedes, que descubrió en una perturbadora experiencia sensitiva su teorema de los cuerpos flotantes, pero también Thomas Alva Edison, seguro de deber su descubrimiento de la bombilla incandescente a mucho más que una simple casualidad.

4. Jeanne Bernis, *op. cit.*

5. En la cuarta parte de esta obra examinaremos con más detenimiento las aplicaciones de la intuición en otros campos profesionales.

Además de estos grandes nombres y sus experiencias personales —forzosamente sensacionales, teniendo en cuenta su universalidad—, existe una multitud de ejemplos y circunstancias comunes a todos ellos, que se reproducen de vez en cuando y nos dejan perplejos en cuanto al sentido que hay que dar a esos insólitos comportamientos que descansan sobre certidumbres intangibles: aquí un directivo importante confesando que recurre a su intuición para marcar sus grandes líneas estratégicas, allí un periodista atento a sus mínimos sueños, más allá un financiero que no teme recurrir a una gran «sensación» para dejarse aconsejar sobre la gestión de su banco o un comercial que practica la relajación para dejar emerger mejor su intuición en los momentos cruciales de su vida profesional; pero también podemos ser usted y yo, escuchando y confiando sin razón aparente en nuestra «primera impresión», cuando es necesario que tomemos una decisión en la vida de cada día, o dando pruebas de una confianza «instintiva» en una determinada persona.

Sea el asunto que sea, el momento en que se imponga o las implicaciones que genere, la intuición aparece bajo múltiples facetas, tal como reflejan los testimonios de los que perciben repentinamente sus efectos:[6]

— Con la intuición, siento que es cierto (...).
— Es la sensación de que pasa algo (...) no relacionado con las apariencias (...).
— La intuición me permite activar mi cerebro derecho, asociar imágenes e ideas, encontrar nuevas soluciones; descansa en la lógica (...).
— La intuición surge del silencio, de la parada, de un movimiento interiorizado, de una escucha interior; nace en los momentos privilegiados (...).
— La intuición está relacionada con el cuerpo, el corazón, lo esencial; me permite encontrar el sentido detrás de la simple apariencia.

6. Michel Giffard, *Développez votre intuition et celle de votre équipe,* ESF, 1992.

— La intuición es mi guía interior (...).

— Cuando me llega una intuición, lo noto, estoy bien, estoy en armonía conmigo mismo y con el resto del universo (...).

— A veces, la intuición es tan fuerte que siento físicamente sus vibraciones (...).

— Con la intuición, es así, no puedo explicarlo; me queda revestirla de razones racionales.

Es obvio que existen tantos matices en la percepción de la intuición como personas para recibirla. Es esto justamente lo que la hace tan rica y lo que, en el transcurso de los años, ha llevado a muchas mentes cultivadas a buscar una explicación, tal y como veremos a continuación.

Capítulo 3
La intuición
según los que la han estudiado

El conocimiento intuitivo es un rayo
que surge del silencio y que está allí,
ni más arriba, ni más profundo, de verdad,
pero justo allí, bajo nuestros propios ojos,
esperando que nos volvamos un poco más claros.
No es tanto cuestión de educarse
como de liberarse de las obstrucciones.

SRI AUROBINDO

Existen personas que viven la intuición día a día, como usted y yo, cuando llega y como se presente, que la experimentan golpe a golpe, escuchando escrupulosamente o rechazándola con desprecio. También hay personas que dedican tiempo a reflexionar sobre la intuición, a observarla, a detallar sus posibles causas y los efectos más considerables, que desmontan por completo el mecanismo hasta alcanzar sus detalles más pequeños y extraer sorprendentes significados ocultos.

De vez en cuando, en todos los países, surgen mentes curiosas deseosas de entender, que se interesan por la intuición por lo que tiene de inevitable y específicamente humano.

Como parte de nosotros mismos con pleno derecho, la intuición nos sorprende, nos fascina, nos llama, pero también, a menudo, en su imperiosa espontaneidad, molesta, interroga, pone en duda, da un relieve distinto a esa realidad que pensábamos que abarcábamos en su conjunto y que, de repente, aparece distinta.

La intuición reenvía al hombre a sí mismo, a sus pensamientos y a sus actos. Es inevitable que todos los que reflexionan sobre el pensamiento humano lleguen a interesarse por ella.

▩ Cuando los pensadores exploran la intuición

El filósofo griego Platón (429-347 a. de C.), célebre discípulo de Sócrates y maestro de Aristóteles, fue, sin duda, uno de los primeros que posó su mirada sobre la intuición, reconociéndole la dimensión de auténtico conocimiento, ya que, según él, era equivalente a la contemplación del mundo inteligible.

En el siglo II de nuestra era, el pensador griego Plotino (205-270) se interesó también de cerca por esta capacidad introspectiva. Pronto la definió con una fórmula que se hizo famosa: «La intuición es el conocimiento absoluto basado en la identidad de la mente con el objeto que conoce». Aunque pueda parecer lacónica, esta definición tiene el mérito de plantear el debate: tenemos aquí, por una parte, un conocimiento que es, además, absoluto, y, por otra parte, una cierta identidad de la mente con el objeto que conoce. Ante este enunciado, se concibe claramente que todo suceda en el interior del hombre y que la intuición actúe en cierto modo como una fuente reveladora, llevando a la persona a mirarse —o a escucharse— más de cerca.

En realidad, desde el punto de vista etimológico, la palabra *intuición* procede del latín *intuitio*, derivado a su vez de *intueri*, cuyas raíces son *in* («en, dentro») y *tueri* («contemplar, mirar con cuidado»).

Kant, por su parte, confiere a la intuición un papel esencial, ya que la asimila ni más ni menos que a la actividad perceptiva de la mente y, en este sentido, la considera parte activa de la experiencia sensible de la persona. Hasta tal punto que, a sus ojos y bajo su pluma, el vocablo *intuición* sustituye a la palabra *sensibilidad*.

Descartes (1569-1650), filósofo, matemático y físico francés, acerca más bien la intuición a la inteligencia: ve en ella una per-

cepción de tipo particular, una revelación inmediata y sin intermediario, pasiva, cuyo sentido profundo no puede entenderse
sin una cierta educación (su «método»: el cartesianismo). De
hecho, la considera como la «sensibilidad de la inteligencia».
«El conocimiento intuitivo es una iluminación del alma; esta
percibe en la luz de Dios las cosas que le place revelarnos a
través de una impresión de claridad divina a nuestro entendimiento, que no se considera como un agente, sino sólo como un
receptor de los rayos de la divinidad».

Gracias al interés continuado que dedicó a la intuición, el
matemático Henri Poincaré[7] (1854-1912) nos mostró que
este tema, sin duda, llamaba la atención de pensadores de
todos los tipos. Así es como hizo de la intuición «el resultado
de una sensibilidad estética subconsciente que nos hace adivinar
relaciones ocultas».

Todos estos estudiosos y sus investigaciones han tenido el
mérito de descubrir poco a poco niveles de comprensión hasta
el momento insospechados. Si los límites de la intuición se
vuelven más familiares para nosotros, las definiciones que se
dan de esta siguen siendo confusas y embrionarias. Otro filósofo francés se interesaría enormemente por la intuición, y gracias a la perspicacia de su pensamiento le conferiría una nueva
dimensión. Su nombre es Henri Bergson.[8]

▨ Henri Bergson, o la intuición recuperada

Para Bergson, una de las primeras características de la intuición
es que se opone a la inteligencia, ya que esta no puede tener
acceso a los secretos de las cosas y de la vida.

---

7. Matemático francés de gran renombre que descubrió las funciones fuchsianas.

8. Henri Bergson (1859-1941): filósofo francés, autor de *Ensayo sobre los datos inmediatos de la conciencia* (1889), *Memoria y vida* (1896), *La risa* (1900), *La evolución creadora*
(1907), *Duración y simultaneidad* (1922), *Las dos fuentes de la moral y la religión* (1932),
La energía espiritual (1919) y *El pensamiento y lo moviente* (1934).

Pero la mejor manera de delimitar el fondo de su pensamiento consiste en concederle un breve instante la palabra, para leer una de sus sintéticas definiciones: «La intuición es la intimidad, el sentimiento de total fusión con el objeto del conocimiento, la simpatía por la que nos colocamos en el interior del objeto para coincidir con lo que, en él, es único. Sólo esta unión íntima con el objeto nos permite conocerlo a la perfección. Contrariamente a la inteligencia, cuyo destino primero es la práctica (...) y cuyos principios no se aplican a la materia, la intuición nos permite coincidir con el dato puro, con el movimiento libre y creador de la vida y la mente.

«Todo conocimiento intelectual es discriminatorio, separa un elemento de otro, un estado de otro, y la lengua —tan precisa como es— sólo aumenta esa división, que en sus límites se convierte en atomismo mental. Con todo, los estados de conciencia son fluidos, se interpenetran más de lo que se suceden, tienen una calidad inexpresable: la duración, calidad pura, progreso captado en su progresión; si, por lo tanto, se desea alcanzar la intimidad del yo —que es el objeto de la filosofía— es preciso renunciar a conocerla por el pensamiento racional, que recorta y mutila, para captarla en sus datos inmediatos por una facultad especial: la intuición».

En esta aproximación, considerada como una filosofía espiritualista, Bergson reivindica recuperar el sentido de las intuiciones, olvidar por un instante la reflexión para considerar las intuiciones básicamente como datos esenciales que pueden alimentar nuestra mente y nuestro trayecto vital. Lo que quiere decir es que la intuición, a su manera, realiza la síntesis entre la inteligencia y el instinto. En este sentido, es la expresión de la realidad viva y móvil de nuestro mundo, pero también del impulso vital que se inscribe en la duración.

Según Bergson, «(...) en el origen de toda filosofía existe una intuición por la que el filósofo "entiende" en un instante un acto simple, lo que reúne lo real y el significado de lo existente». Es lo que se denomina la intuición metafísica, que está en el origen de esa gran hipótesis, de esa concepción general del mundo que es la filosofía.

Para Bergson la intuición es, por tanto, una fuente de conocimiento inmediato, fuera de todas las presuposiciones intelectuales. A sus ojos, representa nada menos que la realidad en sí, lo absoluto. Por ello su pensamiento se considera como una filosofía espiritualista, ya que, al reivindicar la supremacía de la intuición —que Bergson define como una ciencia de la mente—, reivindica también la restauración de los valores espirituales amenazados por la intelectualización y la ciencia.

Jung y la revelación de la profundidad de la intuición

Siguiendo el camino de sus famosos predecesores, el psiquiatra y psicólogo suizo Carl Gustav Jung (1875-1961), uno de los fundadores del psicoanálisis, se dedicó metódicamente a explicar los arcanos de la conciencia, demostrando con energía que si la conciencia es discontinua e intermitente en nuestra vida, el inconsciente es, en cambio, «un estado constante, duradero, que, en su esencia, se perpetúa parecido a sí mismo». «(...) El inconsciente teje eternamente un amplio sueño que, imperturbable, sigue su camino por debajo de la conciencia, emergiendo a veces por la noche en un sueño o causando durante el día singulares y pequeñas perturbaciones».

Con sus estudios, Jung expone brillantemente una nueva definición de la conciencia —que pronto sería una referencia—, a la que considera constituida por cuatro elementos básicos: sensación, pensamiento, intuición y sentimiento.

Para captar la destacada perspicacia de su pensamiento, podemos detenernos un instante en la definición que ofrece de la intuición: «La gente que vive expuesta a las condiciones naturales hace un gran uso de la intuición; también la emplean los que corren algún riesgo en un campo desconocido, que son los pioneros de un modo u otro (...). Cuando nos encontramos en presencia de nuevas condiciones, todavía vírgenes de valores y de conceptos establecidos, dependemos de esta facultad de la intuición».

Jung reconoce que la propia naturaleza de la intuición es difícilmente comprensible por nuestro intelecto, ya que se sitúa por encima del umbral de la conciencia. No obstante, esta dificultad no elimina en absoluto su innegable necesidad: «La intuición es una función muy natural, perfectamente normal y necesaria; se ocupa de lo que no podemos ni sentir ni pensar, porque carece de realidad, como el pasado que ya no es y el futuro que no es tanto como pensamos. Tenemos que estar muy agradecidos al cielo por poseer una función que nos otorga cierta luz sobre lo que está *más allá de las cosas*».

Justamente porque es un fenómeno natural, la intuición se expresa de distintas maneras, tanto físicamente (olfato «animal»), como a través de la emociones (atracción o rechazo instintivo), tanto en el plano mental (estímulo intelectual), como en la esfera de lo espiritual (experiencia mística).

Tal y como subraya justamente Claude Darche, «para Jung, la intuición procede de una conexión de la persona, de su consciente, con las capas más profundas de su inconsciente, pero sobre todo del inconsciente colectivo:[9] los arquetipos[10] y los símbolos. El inconsciente colectivo es una auténtica base de datos: acumula todas las experiencias del universo y de la humanidad. Así el hombre está en posesión de muchas cosas que nunca ha adquirido por sí mismo, sino que ha heredado de sus antepasados».[11]

Como afirma el propio Jung, el hombre no nace sin nada, desnudo y desprovisto de todo, como el animal que viene al mundo, sino simplemente inconsciente de todo lo que posee en

---

9. Inconsciente colectivo: conjunto de informaciones reales e imaginarias, adquiridas y transmitidas de generación en generación por grupos de personas desde tiempos inmemoriales. Es una parte de la psique que se distingue del inconsciente personal porque no es una adquisición personal.

10. Arquetipos: imágenes y asociación de informaciones procedentes del inconsciente colectivo, que se expresan por los mitos y leyendas e influyen en la representación simbólica y el funcionamiento del pensamiento.

11. Claude Darche, *Libérez votre intuition*, Éditions du Rocher, col. «Âge du Verseau», 1995.

él desde el nacimiento, es decir, de «sistemas organizados específicamente humanos y preparados para funcionar, que debe a los miles de años de evolución humana».

Pero lo que por encima de todo constituye la aportación fundamental de Jung a la comprensión de la intuición es, sin duda, lo que denomina el fenómeno de la «sincronicidad», según el cual las perturbadoras coincidencias de la vida cotidiana, a menudo teñidas de intuición, aparecen bajo una nueva luz. Para Jung, se trata de un paréntesis en el tiempo: a partir de ese momento, ya no se puede hablar de una percepción del desarrollo del tiempo como se acostumbra a vivir normalmente, sino de «otra» realidad, otra «organización» espacio-temporal, con la que la intuición nos conecta de repente.

En este sentido, la intuición nos permite explorar un universo desconocido, paralelo, en el que las circunstancias concretas y los fenómenos físicos se organizan, se coordinan fuera de toda conciencia, según parámetros exteriores a nuestra razón, pero también a nuestro psiquismo individual.

Los exploradores de otra dimensión de la mente

Jean Charon,[12] físico y filósofo francés, auténtico investigador del pensamiento humano, después de iniciar investigaciones nucleares y «desplazarse» después hacia la física fundamental, ha contribuido al avance de nuestra conciencia del fenómeno intuitivo gracias a sus estudios sobre la teoría general del conocimiento. En su deseo de prolongar los trabajos de Einstein, basándose en una teoría unitaria, se ha interesado particularmente por todos los fenómenos con repercusiones en el físico del hombre, entre los que se encuentra, evidentemente, la intuición.

12. Es autor de L'Esprit, cet inconnu, Albin Michel, 1977.

Pero Charon va más lejos que sus predecesores: concibe un mundo mucho más amplio que el que pensamos aprehender, compuesto de energía. Llegando en algunos aspectos a lo que Jung llama el inconsciente colectivo, Charon considera que cada uno de los electrones que nos constituyen[13] es una memoria portadora de una infinidad de informaciones. Los electrones tienen la capacidad de comunicarse entre sí, instantáneamente y en el lugar que sea, ya que el alejamiento en el espacio no tiene ningún efecto en su difusión.

Demostrando que cada uno de nuestros electrones encierra un tiempo y un espacio de la mente, Jean Charon llega a la conclusión de que la mente es lo que constituye verdaderamente al ser humano. Las interacciones permanentes de las informaciones contenidas en nuestros electrones se resumen entonces en un verdadero «intercambio espiritual» sobre el que descansa toda nuestra vida.

Esto nos conduce a concebir la intuición como intercambio de informaciones, en un universo en el que resulta que quizá sea la mente, a través de los electrones, que son también «campos vivos» —y «sabios», por su saber casi eterno—, la que condiciona la materia. En este sentido, ya no es necesario ver para saber, sino simplemente existir. El conocimiento intuitivo, portador de saber profundamente escondido en nuestros electrones, puede así utilizar nuestros cinco sentidos para transmitir sus mensajes a nuestra conciencia.

En la actualidad hallamos esta noción de conocimiento adquirido y conservado con el tiempo, accesible en ciertas circunstancias a cada uno de nosotros, en los trabajos de Rupert Sheldrake,[14] que, al definir lo que denomina los «campos mórficos», ilumina los fenómenos intuitivos con una nueva luz. Según

13. Nuestro cuerpo contiene millones, el número 4 seguido de 28 ceros, y se considera que la duración de un electrón es de mil millones de millones de años, es decir, ¡la edad del universo!

14. Rupert Sheldrake: bioquímico y biólogo británico, autor de *Une nouvelle science de la vie,* Éditions du Rocher, Mónaco, 1985.

Sheldrake, todo sistema natural que exista tiene su propio «campo», en cierto modo es la suma de las informaciones que lo caracterizan.

Todos los intercambios, los contactos, las influencias entre una persona y otra, entre un ser humano y un animal, o un vegetal, o más ampliamente con una cosa —y, evidentemente, por extensión, entre dos elementos existiendo en el mismo plano de materialización— dependen de una conexión entre un campo mórfico y otro que le corresponde. A partir de entonces, la transmisión de informaciones que tiene lugar, en perfecta conciencia o implícitamente, representa una forma de «armonización», de equilibrio de los niveles vibratorios que llevan al conocimiento, y se realiza sin ningún límite en el espacio, pero tampoco en el tiempo: «Cuando un sistema organizado particular deja de existir —cuando un átomo se desintegra, cuando un copo de nieve se funde o cuando un animal muere— su campo organizador desaparece del lugar específico donde existía el sistema. Pero, en otro sentido, los campos mórficos no desaparecen: son esquemas[15] de influencia organizadores potenciales, susceptibles de manifestarse de nuevo, en otros tiempos, en otros lugares, en otras partes cada vez que las condiciones físicas sean las apropiadas. Cuando es el caso, encierran una memoria de sus existencias físicas anteriores».

Todas estas aproximaciones al fenómeno intuitivo, aunque muy diferentes, se revelan complementarias, en el sentido de que descubren un proceso sorprendentemente natural y, a la vez, de una complejidad sin límites. Porque, a fin de cuentas, al recorrer los estudios de los grandes pensadores, deteniéndonos a leer entre líneas, desde Leibniz,[16] que asegura que «todo fragmento de materia es una colonia de almas», hasta Teilhard de Chardin,[17] que considera que «el universo material se baña en

15. Esquema: estructura o movimiento de conjunto de un objeto, de un proceso.

16. Gottfried Wilhelm Leibniz (1646-1716): filósofo y matemático alemán.

17. Teilhard de Chardin (1891-1955): paleontólogo, teólogo y filósofo jesuita francés.

un tejido físico», o incluso Costa de Beauregard,[18] que afirma que el «universo material estudiado por la física no es todo el universo, sino que esconde, demuestra y deja entrever la existencia de otro universo mucho más primordial, de carácter psíquico, del que sería un doble pasivo y parcial», nos damos cuenta de que, en realidad, de estos análisis, como decíamos, se deduce que hemos subestimado hasta ahora la realidad de nuestra existencia, en lo vivido por nosotros diariamente, la extensión de nuestros conocimientos —que son infinitos— y, desde luego, la naturaleza indisociable e indispensable de nuestras capacidades intuitivas.

A partir de este momento, nos centraremos en entender mejor y, para ello, redefiniremos el proceso intuitivo, así como las estrechas relaciones entre intuición y conciencia.

18. Costa de Beauregard (1835-1909): historiador francés.

Segunda parte

INTUICIÓN
Y CONCIENCIA

Todos los conocimientos
derivan de lo que sentimos.

LEONARDO DA VINCI

Existen algunos temas que, más que otros, son portadores de sueños y misterios. La intuición es uno de ellos.
A medida que penetramos en su universo, que pedazos de definiciones van delimitando sus impalpables contornos, es necesario reconocer que entramos en un mundo «aparte», «ajeno»... y, sin embargo, tan relacionado con nosotros que sin este probablemente no podríamos existir tal como lo hacemos hoy en día.
En realidad, dirigimos la mirada a esta parte de nosotros mismos nunca escondida, más allá de la materialidad y de las apariencias de nuestro cuerpo. Allí donde todo es confuso, movido, a menudo indescifrable con nuestras pobres palabras y, sin embargo, tan esencial: en las fascinantes esferas de lo que llamamos «conciencia».
Sensaciones, percepciones, impulsos se mezclan en una serie interminable, como tantos estímulos llamados a mantenernos con vida. Nuestra existencia es alimentada sin cesar, colmada con esas aportaciones, pero también atada, golpeada, empujada según esos «vientos interiores» con una violencia a veces temible.

45

A menudo son sólo debilidades internas e íntimas, alegrías o dolores impronunciables, momentos de comunión intensa con un ser o un objeto, un entorno, que traducen nuestra existencia, nuestra vibración en comunión o discordancia con lo que nos rodea. Mucho antes de entrar en los hechos, de traducirlo en nuestro cuerpo con los actos y en el tiempo y el espacio con sus consecuencias materiales, aquí está nuestra vida, en el corazón de nuestra mente.

A partir de este momento es inevitable asociar intuición y conciencia, ya que ambas proceden, en grados distintos, del mismo impulso que reúne percepción, comprensión, expresión. Evidentemente, la intuición procede de la conciencia y la conciencia procede del conocimiento intuitivo. Hasta tal punto que en muchos casos la frontera entre ambas es tan tenue como una simple sensación y es muy difícil relacionarla con la ciencia pura o un embrión del proceso intuitivo.

Mucho más que esas perturbadoras similitudes, que de hecho se parecen mucho más a una complementariedad real, la intuición desempeña la función de «desencadenante», de instigadora, de detonante, respecto a la conciencia, que resulta ser, de pronto, de suma importancia. Todo demuestra que la intuición, por sus atisbos de certidumbre, sus surgimientos repentinos y luminosos —que razonablemente pueden asimilarse a una forma de saber—, está al servicio de nuestra conciencia.

La mejor manera de captar todo el alcance de esta interacción tan estrecha entre conciencia e intuición es interesarse, una vez más, por los trabajos de la ciencia, por un lado en ese campo particular de la conciencia que es la intuición y, por otro, en el estudio afinado de los detalles del proceso intuitivo.

Capítulo 4
La intuición y la ciencia

No existen vías lógicas
que conduzcan a las leyes naturales,
sólo la intuición descansando en el entendimiento
puede llegar hasta ellas.

ALBERT EINSTEIN

Hace tiempo, por su propia naturaleza, el estudio de la intuición se consideró un tema reservado a mentes dedicadas al pensamiento. Tal y como hemos recordado brevemente, durante muchos siglos, filósofos, pensadores y otros exploradores del alma humana se interesaron de forma distinta por el fenómeno de la intuición, dando su opinión, elaborando teorías, buscando sus efectos, descubriendo aquí y allí muchas justificaciones para intentar delimitar mejor sus causas.

Como pasa a menudo cuando el tema carece de parámetros concretos, se ha dicho todo sobre la intuición, desde las hipótesis más sabias hasta las más fabulosas, con frecuencia sin dedicar tiempo a llegar verdaderamente al fondo de las cosas. Con todo, teniendo en cuenta la «fluidez» de nuestro tema, no podemos ocultar la dimensión más concreta en la que se materializa.

Con independencia de que la importancia que se le dé sea total o relativa, efectivamente parece indispensable evocar la intuición bajo consideraciones verificables, como nos propone el

47

enfoque científico, no para extraer afirmaciones absolutas, sino para al menos tener la oportunidad de delimitar nuestro tema bajo una nueva luz, desde un punto de vista que, a su manera, hace progresar la comprensión del proceso intuitivo.

Cuando la intuición se dirige a la ciencia

Que la ciencia tenga la intuición de estudiar la intuición... ¡a la fuerza debe llevarnos por caminos interesantes! Además, durante décadas, por no decir siglos, la ciencia se ha dedicado escrupulosamente a desvalorizar la intuición, a la que oponía el razonamiento y el conocimiento científicos.

En realidad, por esencia, la intuición entraría con dificultad dentro del universo científico, donde todo debe ser racional, universalista, comunicable, comprobable, matemático, con el *leitmotiv* de la inevitable preocupación por la famosa «experiencia». Demasiados parámetros situados a años luz de la espontaneidad y de la inmediatez de la intuición. Todo parece, pues, alejar la conciencia científica del conocimiento intuitivo.

Pero esto significa prejuzgar e infravalorar demasiado rápido las capacidades de algunos investigadores para superar y llevar más lejos los límites del entendimiento..., lo que es, justamente, propio de la ciencia. Porque, bien mirado, se observa, no sin cierta ironía, que toda actividad de investigación, recurriendo a las ciencias exactas más matematizadas, a los protocolos de experiencias más elaborados, debe de hecho mucho a la intuición, aunque sólo sea la propia idea de las experiencias por construir y la hipótesis inicial planteada por el investigador.

En efecto, no se puede dejar de observar que el gran sabio, en general, no es el que se pasa el tiempo realizando cálculos interminables, sino el que «encuentra» de repente la conexión, el fallo, el sistema..., es decir, el que inventa una nueva ley. Esto hace que muchos digan que el intelecto y la lógica no son suficientes para que la ciencia avance y que un investigador sin intuición carece de una parte esencial para el enfoque de un

48

tema: no tiene ninguna posibilidad de alcanzar un resultado tangible, ya que se «descalifica» a sí mismo por esa insuperable e inalcanzable carencia.

Desde siempre, detrás de los grandes descubrimientos, de las invenciones más espectaculares, de las innovaciones de primer orden, está el trabajo de algunos apasionados que creen ciegamente en sus hipótesis, pero también, inevitablemente, esa presciencia luminosa que, en un momento dado, hace que «sepamos» que estamos en el buen camino, que hemos elegido bien, aunque todos los que nos rodean no crean en ello.

Es una idea que se impone de repente, un acto fallido que revela la solución del problema planteado, un error de manipulación que hace surgir bruscamente la evidencia: es la luminosa presciencia que lleva a emprender una experiencia que no ha intentado nunca antes nadie.

Es la lucidez del genio que, de pronto, desvelando una gama completa de nuevas perspectivas, nos hace dar un paso de gigante en la investigación, testimonio de una creatividad multiplicada, llevada al súmmum.

No faltan ejemplos. Desde Arquímedes hasta Leonardo da Vinci —que imaginó el submarino, el helicóptero o la bicicleta—, desde Albert Einstein hasta algunos premios Nobel de nuestra época, no ha existido ningún gran descubridor científico que no haya reconocido, un día u otro, deber una parte de su éxito a la intuición.

Seamos claros, está fuera de lugar considerar que el conocimiento y las actividades racionales son secundarios; está demostrado que los enfoques más clásicos tienen su importancia y constituyen el «tronco común» de la ciencia.

En realidad, lo que más cuenta es reconocer finalmente el papel de la intuición en todo proceso creativo, empezando por este universo de la ciencia que rige en parte nuestra vida de todos los días.

No es una cuestión de primacía —designar tal o cual aspecto como primero o prioritario—, sino de complementariedad entre lo racional y lo intuitivo, a imagen y semejanza, como veremos, de lo que pasa en nuestro cerebro.

Primeras explicaciones científicas

Como homenaje por los servicios prestados, es justo reconocer que la ciencia es la que aporta los primeros elementos de comprensión racional del fenómeno de la intuición. Se perfilan con mayor perspicacia los a priori que han podido existir entre ciencia e intuición cuando se constata que habrá que esperar hasta los inicios de los años ochenta del siglo XX para que los investigadores exploren verdaderamente las posibles causas y el mundo operativo del proceso intuitivo.

Este formidable avance se debe, en parte, al biólogo norteamericano Roger Sperry, que demuestra la función impartida por cada uno de los dos hemisferios de nuestro cerebro, lo que le valdría el premio Nobel de Fisiología en el año 1981. Tal y como indicábamos anteriormente, entre lo racional y lo intuitivo, una vez más, lo que hay es complementariedad:

— en el *hemisferio izquierdo*, que coordina la parte derecha de nuestro cuerpo, se encuentran lo verbal, lo cuantitativo y lo analítico; es la parte del enfoque racional, del estudio, de la previsión, de la organización, del orden y de la lógica; es aquí donde las percepciones se traducen en representaciones coherentes y estructuradas; es el universo del método, de los encadenamientos de causa-efecto; aquí se elaboran el cálculo y la escritura;
— en el *hemisferio derecho*, que coordina la parte izquierda de nuestro cuerpo, se encuentran lo visual, lo artístico, lo intuitivo; es el lugar del pensamiento todavía no codificado por el lenguaje, de la comprensión que no ha tomado forma, de la creación de conceptos; es el mundo de la música, de las imágenes, de los colores, de la percepción inmediata de la realidad, global y es-pacial, intuitiva, de la imaginación; es aquí donde las ideas se asocian unas con otras, se interpenetran antes de cualquier intelectualización.

Por primera vez, Roger Sperry otorgaba la misma importancia a nuestros dos hemisferios cerebrales (anteriormente el hemisferio derecho quedaba singularmente subestimado). Estas afirmaciones, que se confirmarían algunos años más adelante con auténticos hechos, constituyeron una verdadera revolución en el mundo científico.

Pero el biólogo norteamericano iría más lejos, demostrando que los dos hemisferios cerebrales no sólo viven juntos, sino que realmente trabajan, cooperan y colaboran estrechamente, relacionados por doscientos millones de fibras nerviosas del cuerpo calloso.[19]

Tal y como recuerda Michel Giffard, «la biología cerebral confirmaba así lo que los psicólogos y los filósofos sabían desde hacía tiempo por intuición: la persona se acerca a la realidad según dos tipos de funcionamiento complementarios, el racional y el intuitivo».[20]

Llevado por sus fascinantes descubrimientos, Sperry llegaría a afirmar que el hemisferio derecho está especialmente dedicado a lo sensorial y que su desarrollo en términos de creatividad puede alcanzar unos niveles hasta entonces insospechados, afirmando que una simple impresión, una intuición, una imagen mental, equivalen a mil palabras cuidadosamente organizadas en una sabia demostración.

Hasta tal punto que hoy en día nos preguntamos si el lenguaje, la estructuración y la racionalización a ultranza, que son el escaparate de nuestra época, y, más globalmente, el hemisferio izquierdo, no restringen, no bloquean nuestras capacidades psíquicas, interponiendo, a largo plazo, barreras a las aptitudes naturales del hemisferio derecho. En efecto, el contexto emocional e intuitivo en el que funciona esta parte de nuestro cerebro exige desprenderse de toda traba para desarrollar plenamente su función, en perfecta simultaneidad con el hemisferio izquierdo.

19. Cuerpo calloso: amplia banda medular blanca por la que se reúnen los dos hemisferios del cerebro de los mamíferos.

20. Michel Giffard, *op. cit.*

Hacia una redefinición científica de la intuición

Igualmente, en el campo de las experiencias de la bioquímica y la biología celular, encontramos al británico Rupert Sheldrake, que, en el marco ya evocado de la definición de los «campos mórficos» (memorias de informaciones específicas colectivas), plantea la hipótesis de la «causalidad formativa», que intenta demostrar que «el universo estaría formado por dos constituyentes: la energía-materia y la información (explicando así el funcionamiento de la intuición). Entonces sería posible tener acceso al "genio de los demás" y a la información del universo, sin límite de tiempo y espacio, ya que el único límite sería la "facultad de resonancia" y el "nivel de conciencia de cada uno"».[21]

Los trabajos de Sheldrake apelan a la capacidad de cada uno de utilizar esta aptitud de resonancia con los otros seres humanos, pero también con todo lo que nos rodea, para acentuar el proceso de «transmisión de informaciones», una de cuyas formas más directas y cargadas de sentido es la intuición.

En realidad, el fenómeno intuitivo puede resumirse global y genéricamente —sin que ello resulte igual de reductor— en el acceso temporal a un campo de información dado. La «conexión» con la fuente de información se efectuaría, por tanto, a través de la resonancia —y en distintas formas posibles que estudiaremos más adelante— del hemisferio derecho con dicha fuente.

De ahí a concebir la posibilidad de una toma de contacto directa con todos los saberes y conocimientos adquiridos hasta el día de hoy sólo hay un paso que algunos investigadores no dudan en dar, abriendo la ventana a una concepción completamente nueva de las informaciones a las que podríamos tener acceso, casi permanentemente, en nuestra vida diaria.

---

21. Michel Giffard, *op. cit.*

Capítulo 5
El funcionamiento de la intuición

En su permanente preocupación por entender y explicar, la ciencia, con el transcurso del tiempo y, en particular, durante los últimos veinte años, tenía que permitir la exploración de nuevas facetas del fenómeno de la intuición, ya que algunas de estas habían permanecido desconocidas hasta entonces.

Este impulso del conocimiento, esta vibrante impaciencia de los científicos sólo podían compararse con la presciencia, la intuición de haber dado con uno de los tesoros principales del ser humano, tal como afirmaban desde hacía tiempo pensadores, filósofos y otros creadores de cualquier género. Después de haber pisado la Luna, de haber explorado el fondo de los mares, de haber alcanzado las cimas de las montañas más altas, de haber extraído los más bellos minerales y de haber descubierto las orillas más encantadoras, se regresaba, por fin, a lo que era lo menos conocido, pero, sin embargo, esencial: el propio ser humano y sus sorprendentes facultades.

De hecho, gracias a los progresos realizados por doquier, poco a poco se descubrió que una mejor comprensión de la intuición no sólo «abriría la conciencia», sino que también ofrecería el beneficio de amplios campos de experiencia donde sembrar lo vivido por nosotros, como si este nuevo conocimiento nos permitiera de repente acceder a otra dimensión de nosotros mismos.

Así, después del momento de las grandes definiciones, naturalmente llegó la hora de explicar con detalle el funcionamiento de la intuición, de delimitar el proceso que, en instantes precisos, enriquece súbitamente nuestra conciencia con nuevas informa-

53

ciones a las que antes no teníamos acceso, iluminando nuestro presente bajo un nuevo punto de vista. Y el efecto secundario debía ser, no ya sólo desvelarnos la intuición desde el punto de vista biológico o químico, sino también revelarnos su organización interna, su sutil imbricación en el seno de otros componentes que día tras día alimentan y enriquecen nuestra conciencia.

La función de la intuición en los mecanismos de la conciencia

No debe limitarse la intuición, como toda otra facultad o capacidad humana, a la primera definición que delimita sus contornos. Para entenderla, y después integrarla en nuestro razonamiento y, por último, hacerla operativa en nuestro modo de vida, es necesario ir más lejos, hasta lo más profundo, buscar el lado oscuro y escondido que procede a su desencadenamiento, así como su persistencia, la riqueza de su contenido y su impacto sin igual.

Esto significa que, más allá de las apariencias, es preciso «reseguir» los mecanismos de la intuición, tanto en sus justificaciones más subterráneas, como en sus consecuencias más inesperadas. Sólo a ese precio lograremos entender en su conjunto este fenómeno rico en múltiples significados. Porque, obviamente, la intuición sólo adquiere todo su sentido como elemento constitutivo de nuestra conciencia, no aislado, como se ha considerado durante mucho tiempo. En efecto, todo hace pensar que es, sin duda, una de las principales piezas de ese fascinante puzle que representa nuestra mente. En este sentido, la intuición merece mucho más que una atención distraída o anecdótica, que es lo que se le dedica con demasiada frecuencia.

El mecanismo inicial: el revelador de informaciones

No se puede entender realmente el alcance de este fenómeno si no se asume de entrada un dato fundamental: aunque aparezca de pronto frente a nuestra conciencia, como si surgiera de «otra parte», la intuición no nos es ajena o exterior. Por el contrario, en realidad es sólo un medio —interno en nuestro propio funcionamiento— de restablecer la conexión con la fuente de nuestro ser más profundo, con esa energía vital que alimenta nuestra existencia.

Esto nos lleva a decir que la intuición es nada menos que un revelador interno de lo que somos realmente, sin duda uno de los medios más seguros y precisos de descubrirnos y entendernos, de percibir con una perspicacia particular lo que en otras circunstancias permanece escondido bajo el velo de lo inmediato y las apariencias.

Lo que nos enseña la intuición, por poco que empecemos a escuchar cuidadosamente sus mensajes, es que, en todas las circunstancias, su primera vocación es la de aportarnos informaciones, revelarnos una verdad escondida, llevar a la luz de nuestra conciencia elementos susceptibles de enriquecer nuestro entendimiento.

Esto nos lleva a pensar en un mecanismo de desencadenamiento y funcionamiento que ahora deberemos examinar si deseamos acercarnos y entender el verdadero sentido profundo de la intuición.

Todo un «sentido»

Si se observa bien, antes incluso de abordar el problema del significado, podemos aventurarnos a considerar la intuición como todo un sentido. Quizá ese sexto sentido que evoca el imaginario popular, ya que se encuentran similitudes perturbadoras entre este último y los efectos específicamente relacionados con la intuición.

Esta noción de «sentido» cargado de capacidades específicas nos lleva a introducir con naturalidad los parámetros de permanencia y repetición en la definición de la intuición, lo que nos ilumina de pronto con una nueva luz. Entonces se nota muy rápido, gracias a los testimonios y las experiencias relacionados con la intuición, que este nuevo «sentido total» afecta y agrupa él solo nuestros cinco sentidos habituales.

Es preciso ver en ello la implicación de la intuición en nuestra realidad diaria más inmediata: sin duda, no aparece y se manifiesta a largo plazo, sino que está ahí, en todo momento, subyacente, dispuesta a intervenir, a «prevenirnos». Porque es aquí, en esta facultad de intervención, donde se dibuja su principal función.

La relación con un problema determinado

El análisis de las condiciones en las que sobreviene la intuición nos permite atravesar una nueva etapa en la comprensión de su proceso global.

En vista de las muy estrechas relaciones que en la mayoría de los casos existen entre situaciones dadas e intuiciones sobrevenidas para enriquecer dichas situaciones con información más precisa, a la fuerza se constata que la intuición no debe nada al azar. En el momento en que interviene para ayudarnos a ver más claro o para resolver un problema, con la distancia —y un mínimo de objetividad— llegamos pronto a la conclusión de que esa intervención ha sido «providencial» con circunspección.

En efecto, a partir de un estudio más profundo sobre la intuición se hace evidente que, aunque brote como un chorro de agua y sea espontánea, no tiene nada de salvaje o improvisada, como harían pensar las apariencias. Al contrario, los hechos demuestran que interviene siempre, si no en un instante preciso, al menos en un punto determinado: «responde» literalmente a un interrogante particular, aporta una solución —parcial o total— a un problema dado. Esta constatación es importante, ya que, en lugar de limitarnos a pensar que jugamos un papel pasivo en el surgimiento de la intuición, nos implica directamente en su producción, aunque ello se efectúe sin ninguna conciencia.

En otras palabras, la intuición no existe por sí misma, sola y separada de todo contexto, en una dinámica que le sería propia. Por el contrario, aparece siempre en una esfera del pensamiento, en un campo particular, en una situación que nos interesa. La intuición nos llama: se «adhiere» literalmente a nuestras preocupaciones del momento, tanto si son concretas y materiales, como si se están gestando y están profundamente enterradas en los meandros de nuestra mente.

Cuando no logramos relacionar una intuición con una problemática personal —lo que nos hace pensar que se ha producido por «casualidad», en un ámbito que no nos afecta— a menudo estamos ocultando en realidad, de una manera u otra, el tema en cuestión, manteniéndolo, por distintas razones, fuera de nuestras prioridades conscientes.

La intuición no se debe nunca, por tanto, a la casualidad, por la simple razón de que su existencia misma necesita un tema, un sujeto, un interrogante latente para expresarse y aflorar a la superficie de nuestra conciencia. En este sentido, la intuición es, por esencia, una reacción, que, bajo el abrigo de un fuerte estímulo, nos da un nuevo impulso para seguir adelante.

Por consiguiente, desde el momento en que se evoca, la intuición se convierte en un «instrumento», una «herramienta» muy personalizada, que, obviamente, está a nuestro servicio, ya que es constitutiva de nuestra personalidad, pero que nadie, curiosamente, ¡nos ha enseñado nunca a utilizarla!

Para ser claros, es necesario considerar la intuición más como una ayuda potencial para solicitar en nuestra vida cotidiana que como una bendición del cielo, repentina y totalmente incontrolable. Esto significa, ni más ni menos, y todos los investigadores competentes en la materia así lo atestiguan, que se puede deliberadamente y a sabiendas provocar la intuición..., lo que en realidad no tiene nada de extraordinario, puesto que ya lo hacíamos antes, pero de forma inconsciente.

La fórmula «provocar la intuición» puede parecer ambigua y poco compatible con las nociones de surgimiento y espontaneidad indicadas precedentemente, ya que la programación parece difícilmente conciliable con la espontaneidad de la aparición de la intuición. ¡Pero funciona! El proceso nos es tan habitual que lo desencadenamos instintivamente, sin ni siquiera pensar en las sucesivas etapas que se desencadenarán dentro de la lógica más pura.

El simple hecho de tener en la mente un pensamiento que nos preocupa, un asunto que nos exige tomar una decisión importante, es una oportunidad para activar en nuestro interior, sin el menor recurso a una petición consciente, el proceso de la intuición.

Más adelante veremos cómo podemos prepararnos voluntariamente para estas situaciones, pero en el estado natural, sin ninguna intervención de la mente, esto se produce de la forma más simple del mundo.

De hecho, si se tiene objetivamente en cuenta el conjunto de parámetros que definen el contexto en el que aparece una intuición, cabe constatar que se trata siempre, de una forma u otra, de una respuesta, de una solución, de una iluminación que se hace eco de una pregunta oculta. Lo que cuenta es disponer al principio de suficientes elementos para que se desencadene el proceso intuitivo, para que se establezca la conexión con nuestro ser profundo —en el origen de nuestra vida, nuestro «fuego interior»—, del que hablábamos más arriba, lo que nos permitirá acceder a una visión más amplia de la realidad y de las auténticas implicaciones de una decisión determinada.

La maduración

Una vez planteados, de forma inconsciente, los elementos básicos que caracterizan nuestra pregunta o nuestra problemática en cuestión, desde el punto de vista de la intuición aparece una fase de maduración, que se puede comparar fácilmente con una incubación, una germinación.

Se trata del periodo durante el cual, en lo más profundo de nuestro ser, se encuentran e interpenetran datos de tipo material, físico, psíquico y espiritual. El tiempo dedicado a esta fase de maduración puede variar según la complejidad de las informaciones a tratar o la necesaria apreciación de los futuros campos de aplicación.

En todos los casos, el proceso de creación de la intuición está en marcha y se trata, en efecto, de un crecimiento.

Alimentada por sensaciones difusas, impulsos esporádicos, percepciones ínfimas, presciencias inenarrables, se elabora poco a poco en la antecámara de nuestra conciencia una «respuesta» al problema planteado.

De dicha fusión —con un carácter un poco alquímico—, en la que el intelecto no participa, nacerá la intuición, una especie de «resumen» óptimo de todos los parámetros conocidos, verdadera síntesis armonizada con lo que somos en un momento de-terminado.

El trabajo se realiza en silencio, lejos de los ruidos y las prisas, de las tareas diarias correspondientes a nuestros cinco sentidos. En la superficie, todo razonamiento es ajeno a esto, pero en las profundidades de nuestra psique es la razón pura, la realidad, una e indivisible —nuestro ser esencial—, la que está trabajando.

El surgimiento

Cuando el lento encadenamiento interno llega a su término, la intuición puede finalmente surgir en plena conciencia. Poco importan entonces el momento o la actividad en curso: es imperativo que la intuición alcance rápidamente las capas superiores de la conciencia y «salpique» literalmente el presente con la evidencia de la que es portadora.

Lo que no veíamos, lo que no entendíamos, lo que no podíamos discernir, embrollados como estábamos en mil digresiones, aparece entonces con una llamativa simplicidad, milagrosamente despojado del ruido de las complicaciones con las que lo habíamos rodeado. El momento es intenso, la revelación es tan fuerte que nos deja atónitos, pero, por encima de todo, está esa fascinante sensación de «saber» que nos envuelve —sin poder explicar por qué ni cómo—. De hecho, ninguna palabra podría entonces desviarnos de esa íntima y profunda certeza, ese reconocimiento fundamental que nos «reconecta», nos lleva a «reconocer» lo esencialmente verdadero.

La revelación se tiñe de tal realismo, de tal carga energética que no permite dudas: se trata de una auténtica iluminación.

A menudo ganada por ese impulso generador, nuestra conciencia se ilumina de repente, apartando la duda y las incertidumbres, y encuentra triunfante toda su pertinencia y su lucidez.

El surgimiento de la intuición es en sí un fenómeno fuera del tiempo y el espacio. Sólo queda sensación y vibración en esta manifestación tan particular, no mesurable, no cuantificable, y, con todo, con tanta presencia que nuestra mente —y con ella todo nuestro ser— se le entrega al instante.

En ese preciso instante, que a veces se prolonga ampliamente, estamos fuera del tiempo, en un paréntesis sin igual donde nada cuenta, sólo esa «conciencia pura» a la que accedemos a menudo.

La utilización

Cuando se difuminan las intensas vibraciones del descubrimiento, cuando la intuición ha encontrado su lugar en nuestra conciencia con todo su derecho y se impone en nuestro presente, llega el momento de darle todo el valor utilizando las informaciones que nos ha proporcionado. Sólo en esas condiciones el trabajo realizado previamente, inconsciente en esencia, alcanzará todo su sentido.

Una vez pasado el momento intenso durante el cual la intuición se nos ha presentado con todo su brillo y su esencial desnudez, es preciso regresar al día a día, que desafortunadamente no está hecho por instantes tan ciertos. Entonces llega el momento de la «postintuición».

Mientras la onda del choque se atenúa poco a poco, vamos adquiriendo la certeza de esa evidencia que de repente penetró en nuestra conciencia. Pero ¿qué hay que hacer con ella? Una vez más, existen tantas respuestas a esta pregunta como personas y sensibilidades.

Algunos encontrarán la revelación tan increíble que se apresurarán a intentar comprobar de la forma más concreta posible la legitimidad de su reciente intuición. Otros, en cambio, ni siquiera se plantearán preguntas, aceptando en seguida, instintivamente, lo que considerarán de entrada una verdad. Entre esos dos comportamientos hay lugar para todos los matices, por poco que uno sea objetivo en cuanto a la realidad de la intuición y su carácter incontrolable.

En la mayor parte de los casos, el proceso de análisis de la intuición se efectúa en dos tiempos. En primer lugar, se acepta totalmente o bien se duda de ella. En una segunda fase, son los hechos, concretos y tangibles, los que invalidan o confirman nuestro juicio. Sólo entonces, como cubierta de una autenticidad por fin confirmada, la intuición se vuelve verdaderamente utilizable, impone su visión de la realidad: una simple pequeña semilla, cuando se nos aparece, colocada delicadamente en los surcos de nuestro intelecto, que crecerá en adelante en nosotros, afirmando su presencia y su riqueza, dando a nuestra conciencia otro relieve, soplando sobre nuestras ideas como una ligera brisa de renovación.

«Comprobada, validada, autentificada», después de entrar de frente en nuestra conciencia, la intuición ocupa un lugar en lo vivido por nosotros. A través de la información que transporta —de la realidad que transpone con una sorprendente perspicacia—, marca nuestros actos con su huella: se transforma en acciones.

Rizar el rizo. Es el regreso, de la más concreta de las formas al problema dado, a la pregunta planteada, a la incertidumbre dejada en suspense un tiempo antes. Además, con la sensación añadida muy clara de haber «crecido»; de haber estado, durante el instante de un fulgor intuitivo, en contacto personal con lo «esencial», sin ningún otro intermediario; de haber acercado un universo donde todo es evidente y luminoso. Porque del análisis del proceso intuitivo se deduce claramente que en todas las circunstancias la intuición es una aportación, una enseñanza, un enriquecimiento, una puesta en conexión directa con nuestro ser interno, un regreso a nuestro origen más íntimo, un estrecho vínculo restablecido entre nuestra conciencia exterior y nuestro profundo conocimiento interior.

En cada una de sus intervenciones, por la deslumbrante luz con la que ilumina nuestra trayectoria, la intuición se revela así como una nueva etapa de nuestra creciente madurez, un factor de comprensión y de desarrollo sin igual, una oportunidad que nos es dada —o, más bien, que podemos encontrar en nosotros mismos— para acceder a las esferas más elevadas de la conciencia y de realizarnos más allá de todos los límites.

Tercera parte

DESARROLLAR NUESTRA INTUICIÓN

Cuando la intuición entra en el campo de nuestra conciencia, cuando se «materializa», ella que en su origen es sólo presciencia evanescente, el ser que la percibe se convierte en otro. El cambio, tanto si es espectacular como infinitesimal, está aquí, es evidente, flagrante. Esto hace decir a algunas personas que después de una intuición *ya no se es el mismo*.

Poco importan las grandes definiciones o los grandes estudios coronados por la celebridad de sus autores; lo que cuenta, en el día a día, son los hechos. No los que la ciencia persigue con perseverancia en sus laboratorios o con sus experimentos de una complejidad cuidadosamente codificada, sino aquellos, muy simples, que nos llenan la vida, nos iluminan el camino. La intuición no tiene un sentido verdadero, un valor real, si no por su impacto en nuestras decisiones y nuestro destino, y eso cada uno de nosotros puede comprobarlo en todo momento. Nuestra posición se resume, pues, en dos opciones: o esperamos que la intuición aparezca y se digne a iluminarnos con sus luces salvadoras para responder a nuestras preguntas, aceptando que eventualmente no pase nada; o bien, convencidos del carácter indispensable de la intuición, decidimos sabiamente, con toda conciencia, convertirla en nuestra permanente aliada. También es necesario, ante todo, ponerse de acuerdo sobre la noción de «permanencia», ya que, no debemos olvidarlo, uno de los primeros caracteres de la intuición es justamente la «impermanencia». De lo que se trata ahora es más del campo de acción voluntario que de la duración en el tiempo. Esto significa simplemente que se desee —y veremos que puede hacerse— utilizar la intuición en momentos precisos, previstos y programados, y no ya únicamente cuando se presente. Seamos claros: esta voluntad de «dominar» la intuición afecta sólo a su proceso de desencadenamiento, en ningún caso a su contenido. Porque estamos lejos de saberlo todo sobre la conexión secreta de nuestro ser más íntimo, ya que, al fin y al cabo, no habría tampoco gran interés en «trucar» el sistema hasta el punto de querer obtener —u «orientar»— algunas respuestas.

Es preciso que la intuición conserve su misterio y su poder intrínseco, su carga afectiva y su impacto emocional. Pero ¿por qué no aceptar que pueda convertirse también, más que en una baza esporádica, en un auténtico socio de nuestro caminar diario por los laberintos de la vida?

Sólo nos concierne a nosotros, efectivamente, otorgarle más sitio y más importancia, y para conseguirlo debemos abrirnos más a sus impulsos e iluminaciones, proponerle un terreno más fértil a su libre expresión. Dejemos de ser espectadores de la realidad, de «nuestra» realidad: ¡inventémosla!

La primera parte de esta obra ha mostrado claramente que la intuición es sólo el reflejo de nuestros impulsos, de nuestras impaciencias, de nuestras incertidumbres y de nuestras impotencias: pertenece a nuestra imagen, por el simple hecho de que nace y crece en lo más profundo de nosotros mismos. Desear utilizarla voluntariamente es quizá sólo la consecuencia lógica de nuestra concienciación, una consecuencia inevitable de nuestra naciente madurez, que quiere que cojamos las riendas de nuestro destino, que cada uno de nosotros se conecte finalmente a lo que se encuentra verdaderamente en el fondo de sí mismo. La intuición será entonces nuestro camino más seguro para llegar a lo que somos realmente y dejar salir a la luz los tesoros escondidos de nuestro ser.

Capítulo 6
Regreso a las fuentes de la intuición

Más allá de los prodigiosos descubrimientos científicos, los considerables progresos en campos fundamentales como la enfermedad o la higiene, la gran aportación del siglo XX habrá sido, sin duda, abrir al hombre a sí mismo. Las ciencias humanas han llevado a la persona a un conocimiento y un dominio raramente alcanzados en la historia de nuestra civilización. Los estudios introspectivos han revelado la inmensidad sin límites de nuestra conciencia. Lo que se sabe, lo que se cree hoy en día supera de lejos los fundamentos reconocidos hace solamente un siglo.

Más que nunca, el ser humano desea dominar su presente tanto como su futuro, imponer sus reglas, «formular, formar, formatear». Hoy en día dispone de medios que le permiten aplicar esos preceptos no sólo en su entorno exterior, sino también en su ser más interno.

La sola idea de «desarrollar la intuición» habría parecido muy descabellada hace pocas décadas, pero hoy en día ya sólo quedan los escépticos refractarios patentados o los poco informados para sorprenderse y no tomarse el tiempo de examinar los asombrosos recursos que nos proponen estas técnicas.

Porque, en efecto, se trata de eso, de medios muy simples para reconocer, afinar, solicitar, estimular e incluso programar nuestra intuición. Después de habernos acercado a su definición y de haber delimitado el proceso, ahora centraremos nuestro estudio sobre el terreno, sobre lo vivido por nosotros más inmediato.

Un estado natural para una función natural

Un error comúnmente admitido ha sido creer durante muchos años que la intuición era un fenómeno anormal, poco habitual, fuera de lo ordinario. Sin embargo, todo demuestra hoy en día que no es así. Por el contrario, su proceso es sorprendentemente simple... ¡ya que depende casi totalmente de nuestra propia concepción de la intuición!

En efecto, antes incluso de abordar cualquier técnica de desarrollo, es necesario saber —y admitir— que nuestra intuición desempeña exactamente el papel que aceptemos que tenga. En otras palabras, depende de cada uno de nosotros convertirnos o no en personas cada vez más intuitivas.

La intuición no es nada más que una de nuestras capacidades naturales, más o menos desarrolladas según las personas, según la vida llevada y el lugar que se desee otorgarle. Lógicamente, al igual que nuestras otras capacidades, la intuición se puede desarrollar, pero también puede suceder que esté inhibida y no pueda expresarse con libertad. Será necesario, antes que nada, limpiar el terreno y hacer tabla rasa de todo lo que ocupa nuestra expresión intuitiva.

Para ello, es esencial superar las definiciones demasiado superficiales sobre la realidad de nuestra existencia como seres humanos. Teniendo en cuenta todos los trabajos que lo han demostrado, ya nadie puede dudar, en adelante, de que cada uno de nosotros, por la propia naturaleza de nuestros «componentes», es en realidad un auténtico emisor-receptor,[22] una «antena» muy sofisticada, que a largo plazo capta y envía vibraciones, que son informaciones que entran y salen de nosotros.

Nuestro caminar hacia la comprensión de la intuición nos conduce a un cruce de caminos. Llegados a esta encrucijada simbólica, debemos realizar una elección: o bien ajustarnos a

---

22. Véanse al respecto las obras de Bernard Baudouin *Comment pratiquer la radiesthésie*, Éditions Retz, 1989, y *Le Pouvoir des formes qui nous entourent*, Éditions Sand et Tchou, col. «La nuit des mondes», 1988.

las informaciones adquiridas hasta el presente y no llevar más lejos la exploración, o bien penetrar más en el universo que prevalece en la creación, la plena maduración y la emergencia de la intuición, pero sabiendo que nuestra mirada sobre nosotros mismos ya nunca será la misma que antes, puesto que abrir esta «puerta» tiene un precio: hacer tabla rasa de lo superficial para lograr el reconocimiento y la aceptación de nuestra profunda identidad.

El desarrollo de la intuición no puede concebirse y entrar en los hechos sin un retorno a una plena conciencia de nuestro universo y de nuestro lugar en su seno. ¿Por qué un retorno? Simplemente porque originariamente, antes de que la sociedad imprimiera sus reglas y sus leyes en su mente y sus actos, todo ser «sabe», conoce instintivamente las inmensas extensiones y los fértiles campos de la conciencia, antes incluso de que los siembre el mínimo aporte civilizador.

Esta pureza del ser inicial es la que tenemos que encontrar, si deseamos dar a la intuición toda su potencia y desarrollar su fabulosa aptitud para ponernos en contacto con nuestros propios orígenes vivos. Regresar al estado sensitivo original, para restablecer mejor las cosas conscientemente, pensar y vivir son expresiones de una misma certeza: la de existir aquí y ahora en plena y total armonía, tanto con uno mismo como en el seno del universo.

En este sentido, el «trabajo» sobre nuestra intuición se inscribe con pleno derecho en la corriente actual de un retorno a las facultades más fundamentales de la persona, a esas técnicas de «desarrollo personal» que están floreciendo un poco en todas partes a principios de este siglo —la prudencia obliga a saber separar el grano de la paja— y tienden a llevar al que lo desee hasta los auténticos límites de su cuerpo o de su dimensión universal.

Representa también un retorno a la creencia que conduce el desarrollo de la intuición, y una vez más, de la forma más natural del mundo. Porque el proceso intuitivo no podría existir si de entrada la persona no «creyera», evidentemente en la intuición, pero, sobre todo, en sí misma. Debe recordarse, en efecto, que la intuición nace y toma forma en nosotros, que es sólo un nexo, más o menos perceptible según la experiencia, entre nuestra conciencia intelectualizada y nuestra presciencia más escondida en los rincones de nuestro ser. Creer o dudar... En este campo, como en muchos otros, tenemos que elegir, lo que determinará por sí solo la naturaleza de los fenómenos que tendremos que vivir.

Los «aceleradores» de la intuición

Como todo lo que afecta a lo vivo y más particularmente al ser humano, la intuición está subordinada al ritmo, a la vibración, a los impulsos vitales. Para el que desee entenderla mejor, es preciso admitir que está «viva», que es una forma de energía al mismo nivel que todo lo que alimenta diariamente nuestra existencia.

La intuición puede crecer y propagarse a velocidades distintas, al ralentí o en una aceleración desenfrenada. En todos los casos, como vector de comunicación especializado en la transferencia interna de informaciones, se afirma y sigue siendo un factor de evolución, de perfeccionamiento. Pero, al mismo tiempo, está forzosamente sujeta a los avatares de nuestra vida, de nuestro entorno, tanto si son positivos como negativos. Por consiguiente, cada uno de nosotros deberá escoger la orientación más adecuada para su futuro.

Los «frenos» defensivos

Dudar de nosotros, de nuestras facultades de expresión, así como de nuestra capacidad intuitiva, es, sin duda, el comportamiento más fácil de los que nos es posible adoptar. Desde hace ya mucho tiempo se sabe qué función protectora, y a menudo destructora, ejerce la inhibición, esa temible impotencia funcional, esa inevitable «parálisis psíquica» que a veces se apodera de nosotros. Tanto si se trata de una falta de madurez, como de vacilación cultural, el resultado es un desequilibrio interno, que genera incertidumbre, que alimenta el miedo en una lógica perfecta e implacable.

El miedo es, sin duda, el factor de bloqueo más eficaz y, por lo tanto, el más problemático en materia de inhibición. El miedo en todas sus formas, desde las más anodinas hasta las más complejas; el miedo del instante, en el día a día, o el miedo tan enorme que se hace insuperable; el miedo a amar o abandonar, a cambiar o a comunicarse, a la ausencia o a la presencia, al vacío o a lo demasiado lleno..., en una palabra, el miedo a no dominar todo lo que pasa al alcance de la conciencia. Ese miedo de vivir que no es otro, a fin de cuentas, que el miedo a la libertad, al movimiento de las cosas que, por esencia, están perpetuamente en movimiento y no se detienen jamás.

La inercia y el inmovilismo se encuentran también entre los factores esclerotizantes para la intuición. Encuentran sus justificaciones en nuestras experiencias pasadas, en nuestros conflictos internos, en nuestras frustraciones y nuestras angustias, en nuestras depresiones larvadas o nuestros desarraigos cuando miramos hacia el futuro.

Y después, cómo no recordar todo lo que nos han legado nuestros padres y nuestra cultura, nuestro entorno y nuestra familia, las enseñanzas que hemos recibido y sus barreras prohibitivas, los tabúes que han engendrado... como los límites a la creación y, por lo tanto, a la intuición. En otras palabras, todo un pasado que se impone demasiado a menudo como una tapa de plomo ahogando el presente.

Los «simuladores» positivos

En el lado opuesto de todos los factores, naturales o artificiales, que traban en niveles distintos el proceso de la intuición, se encuentran otras funciones y parámetros que, por su parte, tienen la función contraria, es decir, funcionan como estimuladores de la intuición. Mientras que los anteriores ralentizan o inhiben nuestras capacidades de expansión, expresión, creatividad, estos últimos estimulan, confortan, refuerzan el fenómeno intuitivo en lo que tiene de más natural y vital para nuestro equilibrio. En otras palabras, «desarrollan» nuestras facultades intuitivas. Por sus acciones buscadas y convergentes, refuerzan nuestra posición, multiplican nuestros medios, apoyan nuestras inclinaciones hacia la actividad, contribuyen a una mayor apertura de la mente. En realidad, instauran una concentración de nuestras energías y favorecen la «reconexión» con nuestro origen profundo.

Desde los pensamientos positivos hasta las costumbres de vida regeneradas, pasando por la imagen que tenemos de nosotros mismos, el derecho a crecer que nos otorgamos o incluso las técnicas de expansión de lo mental y lo corporal, los aceleradores de la intuición son muchos, y cada uno a su manera contribuye, como veremos más adelante, a multiplicar y enriquecer nuestras percepciones intuitivas para convertirlas en bazas de lo vivido por nosotros en el día a día.

La voluntad de facilitar el proceso intuitivo

De hecho, las técnicas son numerosas y permiten abrirnos a una mayor expresividad, explorar todas nuestras capacidades y llegar finalmente hasta el fondo de nosotros mismos.

Emprender el camino de la intuición significa nada menos que pasar por ese tamiz las costumbres que día tras día alimentan y construyen nuestra existencia, ya que todo se mantiene, todo se juega en la globalidad. Revisando los detalles, nos conviene estudiar nuestra intuición y nuestro deseo de optimizarla.

Pero nada es posible sin la acción deliberada de nuestra voluntad: para acentuar nuestra receptividad, para acrecentar nuestras facultades de escucha y de emisión, para multiplicar los fenómenos intuitivos y ubicarnos en todas las ocasiones en la situación ideal para sacar lo mejor... es preciso quererlo.

Es ilusorio pretender lograr un resultado en el ámbito que sea si no se pasa por esta condición inicial. En otras palabras, cada uno de nosotros genera la calidad y el nivel de frecuencia de sus propias intuiciones. Esto tiene el mérito de ser más simple de lo que preveíamos antes, pero la contrapartida no es pequeña: tendremos que trabajar arduamente en nosotros mismos si deseamos evolucionar y ver cómo se desarrollan estas facultades.

Hablando claro, en muchos casos, se impondrá directamente una revolución interna, que pondrá en duda muchas concepciones y costumbres de la vida diaria a la luz de esta nueva aproximación a nuestro ser más íntimo. Dar de nuevo el derecho, de expresión y de palabra, a nuestra intuición tendrá el efecto de multiplicar, a veces no sin cierto dolor, nuestros parámetros más personales, nuestras definiciones más estructuradas.

Tras el trabajo sobre nosotros mismos, será preciso buscar la posibilidad de escucharnos, un hecho del que la vida en sociedad, la modernidad y las costumbres diarias, que llegan a producir esclerosis, nos han alejado muchas veces. No se trata tanto de acceder a un nuevo estado de conciencia aumentando nuestro potencial básico, como de escarbar en las capas sucesivas de una «insensibilidad de buen tono», para simplemente recuperar el potencial que siempre ha sido nuestro, pero que los avatares del tiempo nos han hecho olvidar.

En lugar de centrarnos eternamente en el exterior, por fin regresaremos a nosotros mismos, allí donde todo empieza, donde todo nace realmente y donde todo terminará algún día, lógicamente; a esa fuente vital, generadora de nuestras emociones y de nuestros impulsos, de nuestras sensaciones y de nuestros resentimientos. Nuestro redescubrimiento de la intuición nos ofrece la posibilidad de poner fin a esa dependencia casi carcelaria de lo externo, de los demás, de las múltiples enseñanzas sabiamente elaboradas para nosotros, que encubren demasiado a menudo nuestra realidad interior más íntima.

Más que una simple búsqueda intelectual, se trata de otra manera de pensar, de vivir, a la que nos invita la propia intuición. Otra forma de «ver», no ya con nuestra conciencia social, sino con esa mirada intuitiva y profunda que nunca ha dejado de existir en nuestro fuero interno y que tendremos que devolver a la superficie de nuestra conciencia.

Un «despertar intuitivo», sinónimo de renacimiento

Este enfoque nos invita así al renacimiento de nuestras capacidades intuitivas naturales. Y al decir renacimiento dejamos entrever todo un proceso de regeneración, de regreso a un estado inicial, sinónimo de equilibrio y armonía. Pero sabemos que estos dependen ampliamente de los flujos y reflujos que circulan en nosotros mismos. Así pues intentaremos facilitar esta fluidez esencial y natural reabriendo todos los grandes puertos de la intuición, dejando verter en nuestra existencia diaria el flujo de las percepciones más ínfimas, las sensaciones difusas, los breves instantes de presciencia, que son la expresión de nuestro ser más profundo, de esa energía vital que anima nuestra vida segundo a segundo.

No se trata de entrar en un molde como el que habitualmente —socialmente— se clasifica y utiliza, sino, por el contrario, de dejar hacer, de dejar actuar a nuestra energía, de dejar «hablar» a nuestra intuición. Inevitablemente, esta nueva toma de contacto, este «re-conocimiento» afectará a todos los campos de nuestra vida, a todos los parámetros de nuestro «funcionamiento» cotidiano, a todo lo más inmediato que vivimos.

Lo que parecía tener que implicar sólo a una pequeña parte de nuestra existencia a menudo implica a la totalidad de lo que somos. Al estar todo tan ligado, tan imbricado, atado con gran cantidad de ramificaciones invisibles, a menudo nuestro ser entero, al querer volverse intuitivo, debe someterse al examen y a la renovación. El programa que nos habíamos fijado al abordar el problema de la intuición adquiere entonces una dimensión singular, desborda sus límites primeros y brota en cada parcela de nuestra existencia.

Porque ahora los mínimos instantes y funciones de nuestro día a día son los que se ven implicados: las funciones corporales (respiración, alimentación, sueño...), mentales (inteligencia, reflexión...), del despertar intelectual, espiritual... Sólo sobre estos elementos básicos, liberados de todo peso y de todas las tensiones, podrá expresarse plena y armoniosamente la intui-

74

ción. Lo que es lo mismo que decir que una intuición que no se expresa, que no encuentra medios para expresarse, traduce en cierto modo un desequilibrio en alguna parte... y será interesante buscar y descubrir si se desea volver a empezar con una óptima circulación de las energías.

La mejor manera de «preparar el terreno» a la intuición consiste, pues, en examinar atentamente los distintos parámetros básicos de nuestra vida, para corregir los posibles desequilibrios que constituyen un freno tan habitual a una expresión plena y total.

Respirar

La respiración es una de las funciones más esenciales del cuerpo humano. Silenciosa y automática, nos permite extraer de la naturaleza nuestro principal alimento, el oxígeno, y rechazar, al mismo tiempo, los residuos carbónicos.

Respiramos sin pensarlo, y también sin reflexionar lo más mínimo el oxígeno llega a nuestro cerebro y oxigena nuestros pulmones. Cuando estas funciones son buenas, se reúnen todas las condiciones para relajar y destensar nuestro cuerpo, para mantener el equilibrio vibratorio de todos los órganos.

Si, en cambio, la respiración no es armoniosa, las funciones cerebrales sufren por ello, merman; la eficacia corporal disminuye, la resistencia natural se debilita. Por tanto, es esencial llevar la respiración a su nivel máximo de transferencia de oxígeno, lo que facilitará ampliamente la puesta en marcha y el desarrollo del proceso intuitivo.

Comer

Después de la alimentación más sutil, trataremos la alimentación más material que ingerimos y digerimos todos los días. La alimentación representa también un parámetro fundamental de nuestra existencia. Exige que le dediquemos tiempo, dinero y, cuando sea posible, un mínimo de cuidados. Nuestro cuerpo es una máquina compleja que es preciso alimentar y nutrir sin parar, so pena de vernos debilitar y perecer.

Diariamente, en función de nuestras actividades, quemamos una determinada cantidad de energía que es absolutamente necesario compensar con la aportación de alimentos que contienen todos los ingredientes necesarios para el buen funcionamiento de nuestro cuerpo (vitaminas, proteínas, ácidos grasos, fibras, etc.). Además, a todos ellos hay que añadir el agua, sin la cual la vida no podría existir en este planeta.

Desde la elección de los alimentos, su preparación y la forma de degustarlos, hasta la digestión, el hecho de comer representa una necesidad física, pero también una enseñanza, una especie de iniciación de nuestro cuerpo, que empieza todos los días de nuevo. Una alimentación desequilibrada provoca trastornos al cabo del tiempo, desarreglos al principio ínfimos, pero cada vez más importantes que, lógicamente, tendrán repercusiones en las facultades mentales y, por consiguiente, en el proceso intuitivo.

Desarrollar nuestras percepciones empieza, por tanto, por mantener correctamente nuestro cuerpo y alimentarlo adecuadamente en función de sus necesidades. ¿Acaso no se dice que somos lo que comemos?

Dormir

El sueño es otro de los componentes esenciales y fundamentales de nuestra existencia. En efecto, de media nos pasamos el tercio de nuestra vida durmiendo. Esto significa, simplemente, que nuestro cuerpo y nuestra mente necesitan recuperarse con regularidad y de forma suficiente del cansancio provocado por el estado de vigilia.

El sueño nos regenera física y psíquicamente. De su calidad depende la naturaleza de nuestros sueños. Todos los especialistas están de acuerdo en reconocer que es necesario terminar con la creencia de que cada uno de nosotros sabe cuánto debe dormir. ¡Es una completa aberración! En realidad, nuestro cerebro es el que decide; sólo este sabe verdaderamente cuándo nuestro cuerpo necesita recuperarse. Nos envía entonces mensajes de llamada, como bostezos o torpor, mensajes a los que conviene no resistirse, salvo que se pueda dormir varias veces en veinticuatro horas.

Se entiende así la importancia del sueño respecto al proceso intuitivo, porque es un auténtico «acelerador» de este último. En efecto, muchas intuiciones se producen durante el sueño, en esa fase particular denominada «estado alfa».

Por tanto, el mejor conocimiento de nuestro sueño va de la mano del desarrollo de nuestra intuición, ya que ambas facultades dependen de nuestro ser más profundo. Están íntimamente relacionadas con nuestro funcionamiento, con nuestros ritmos más secretos e internos. Así pues, siempre que los avatares diarios nos lo permitan, intentaremos respetar los impulsos propios de esta vida que está en nosotros, que nos «dicta» literalmente cuándo es necesario que se active automáticamente nuestro sistema respiratorio o nos hace saber con total precisión cuándo es preciso alimentarnos.

Pensar

La facultad de pensar, reflexionar, elaborar psíquicamente una multitud de conceptos, es lo que diferencia principalmente al ser humano de las demás razas vivas que se encuentran en el planeta. Sin duda, todo el mundo puede llevar a cabo esta actividad, pero se puede pensar y «pensar».

De la forma en la que desencadenamos el proceso de la reflexión dependen la naturaleza de lo vivido por nosotros y nuestras experiencias cotidianas, pero también las proyecciones hacia los demás, nuestra inserción social y nuestro futuro, y, como consecuencia, la calidad de nuestras intuiciones. Una vez más, todo depende de nuestra forma de respetar el curso de las cosas, de percibir la vida y los acontecimientos que la llenan. Es posible dejarse llevar, ser sólo un espectador, totalmente dependiente, siempre sorprendido y superado por los hechos, pero también podemos ser más voluntariosos, decidir, imprimir nuestra marca en nuestra propia trayectoria, inscribirnos en una dinámica positiva, sembrar pensamientos vueltos hacia lo bello y lo bueno, hacia lo natural y lo armonioso, más que hacia el desequilibrio y una dudosa facilidad.

Una vez más, nuestros pensamientos están en nuestra imagen... y nosotros estamos en la imagen de nuestros pensamientos. El principio inicial es el mismo que para la intuición. Cuanto más puros y libres de sombras y rincones oscuros sean nuestros pensamientos, más en paz y armonía estaremos, tanto con los de-más como con nuestro entorno y, obviamente, con nosotros mismos. Así, desnudos de toda ambigüedad, nuestros pensamientos facilitarán la expresión y la luminosa claridad de nuestras intuiciones.

Estar simplemente a la escucha de nuestra intuición

Sobre estas bases reconsideradas y desembarazadas de todo obstáculo, presentaremos a continuación la posibilidad de abordar la intuición un poco más de cerca. Porque en un momento determinado, después de haber hablado, es preciso actuar.

Ahora que el fenómeno intuitivo es más preciso en nuestra conciencia, sus implicaciones son más claras en nuestra mente, y llega el momento de regresar al terreno de lo vivido inmediatamente para aprender a reconocer y solicitar nuestra intuición.

Como ahora ya sabemos qué es la intuición, nos será más fácil, como es lógico, localizarla en el seno de nuestras sensaciones y percepciones diarias. Una vez más, una simple palabra de orden nos simplificará mucho la tarea: *natural*.

Ser natural, pensar con naturalidad, respirar de forma natural, comer natural... tantas funciones que nos acercan día a día a nuestra profunda esencia, a nuestra identidad propia, a lo que somos en realidad. Esto es lo mismo que decir que no sirve de nada complicar las cosas: para reencontrar su auténtica dimensión, nuestra existencia debe inscribirse absolutamente en la fluidez, en el flujo y reflujo armonioso de las energías que rigen y alimentan nuestra vida. Esto podría resumirse con la fórmula siguiente: *lo más natural y auténtico es lo más simple*.

La mejor manera de entender cómo nace y se desarrolla una intuición en nosotros consiste en estar atento a su tránsito por nuestras sensaciones y nuestros pensamientos. Para ello, observaremos el mínimo signo —no previsible— que de repente viene a expresarse en nuestra conciencia, a menudo sobre un tema que plantea un problema o nos exige una reflexión desde hace ya un tiempo.

Concretamente, esto es como desarrollar nuestro sentido de la observación, tanto en el interior, con el examen de nuestros pensamientos, de nuestros impulsos, como respecto a todo lo que es exterior y puede provocar reacciones de nuestros sentidos o nuestro intelecto.

En adelante se trata de estar más atento, de ser más sensible, más cuidadoso en el análisis de nuestras percepciones más íntimas, de todo lo que viene de dentro de nosotros y aflora en la superficie de nuestra conciencia: puede ser una simple reacción epidérmica al tocar un objeto, un trastorno particular a la vista de una situación insólita, una reacción ínfima no expresada al conocer una noticia o, incluso, un reflejo instintivo como respuesta a una palabra o a una frase de uno de nuestros interlocutores del día.

La intuición puede estar —nacer— en todas partes, tocar todos los campos de nuestra vida, insinuarse en nuestros razonamientos más cartesianos y en nuestros impulsos más fulgurantes, brotar súbitamente detrás de un parapeto de nuestra mente o invadirnos la conciencia con insistencia.

En todos los casos, nadie más que nosotros tiene acceso a esa información, en ese momento en que es todavía latente, no formulada, surgiendo justo desde un punto de vista sensible. Pase lo que pase, sea cual sea el tipo de formulación, para descubrir y entender la intuición es preciso estar atento, permanecer a la escucha, si deseamos penetrar en su profundo significado.

Porque, no lo olvidemos, la intuición es, ante todo, un mensaje, la transcripción, más o menos coherente, formulada, de una información con mucha frecuencia prioritaria, que ha escogido el canal intuitivo para imponerse a nuestra conciencia y orientar, iluminar todas nuestras decisiones, todos nuestros actos. Cuanto más escuchemos, más fácil y rápidamente localizaremos nuestras propias intuiciones, y mejor podremos usarlas... y, en un segundo momento, con un poco de práctica, solicitarlas, provocarlas.

Uno de los medios más simples de encontrar las intuiciones en nuestro comportamiento diario consiste en plantearnos algunas preguntas muy precisas en el momento en que tomamos decisiones, en el ámbito que sea. Por ejemplo, podemos preguntarnos:

— ¿Qué siento al tomar esta decisión?
— ¿Acaso necesito muchas informaciones para tomar esta decisión?
— ¿Cuáles son las informaciones que realmente han influido en mi elección?
— ¿He comprobado estas informaciones antes de decidirme?
— ¿Me equivoco a menudo?
— ¿Puedo decir, por las decisiones que tomo habitualmente, que tengo un instinto más bien fiable?
— ¿A menudo adivino lo que piensa mi interlocutor o alguien cercano a mí?
— ¿Otorgo importancia a mi primera impresión?
— ¿Esta primera impresión es, en general, la buena?
— ¿Cómo me llegan lo que considero «mis buenas ideas»?

Como es obvio, esta lista no es exhaustiva, sino simplemente indicativa. Cada uno puede añadir las preguntas y las «autopreguntas» que considere más aptas, con las respuestas pertinentes, según el papel que juegue la intuición en su vida diaria.

Igualmente, resulta interesante definir lo más claramente posible, en una elección o decisión determinada, cuál ha sido la parte imputable al razonamiento y cuál la atribuible al «resto», al instinto, a ese saber inmediato que se llama *intuición*. Es muy poco frecuente que al término de tal análisis, durante algunos días, no nos veamos sorprendidos por sus resultados, ya que es muy corriente que la proporción intuitiva resulte más importante de lo que imaginábamos al principio.

La constatación es, en general, muy simple: todos somos intuitivos, pero en grados distintos. Todo dependerá, a partir de este momento, de los medios de los que dispongamos para solicitar, desarrollar, provocar nuestras capacidades intuitivas.

Solicitar y provocar la intuición

Hablar de una posible estimulación de nuestra intuición resultará probablemente muy chocante para muchas mentalidades, pero hoy en día, después de muchas experiencias en este campo, debe reconocerse que cada uno de nosotros puede, en efecto, solicitar su intuición por su propia voluntad.

Esta capacidad, basada en un mejor conocimiento de los mecanismos del proceso intuitivo, debe entenderse, no obstante, en un marco muy preciso, que es el de la plena y total conciencia de los parámetros que en nuestro fuero interno generan y optimizan la intuición. En efecto, nadie puede pretender estimular sus facultades intuitivas si no se inscribe en el «ciclo» inicial de su producción.

Integrar la intuición en nuestra forma de pensar

Esto significa que es preciso integrar la «producción» de la intuición en nuestra forma de pensar, de elaborar conceptos, de buscar soluciones a los problemas que nos preocupan, de aportar respuestas a los interrogantes que ocupan nuestra mente, de percibir más justamente el presente o de anticipar con una perspicacia serena el futuro con proyecciones de nuestra trayectoria.

En una palabra, para que la intuición pueda acudir en nuestra ayuda, es preciso, en primer lugar, dejarle un sitio en nuestra forma de ver el mundo y en la función que tenemos que desempeñar en este. Se puede provocar la intuición —hecho que en adelante quedará demostrado—, pero, antes de saber *cómo*, es necesario saber *por qué*.

Preguntar directamente a la intuición

Hemos visto que la intuición no es otra cosa que la conexión con nuestra fuente vital, con nuestro ser profundo más íntimo, que «sabe», «conoce», «percibe» la realidad de las cosas más allá de todas las apariencias.

Si realmente queremos poner en marcha voluntariamente el proceso intuitivo, sobre un tema determinado, será preciso que interroguemos directamente a ese pozo de sabiduría que está en nosotros —literalmente sumergirnos en nosotros mismos— y volver a esta primera fuente donde la evidencia es la regla fundamental.

Suscitar un acto de revelación

Provocar la intuición no significa imponerla, sino solicitarla, acceder a nuestro ser profundo para pedirle que nos ilumine, que nos haga compartir su saber infinito, que habitualmente permanece escondido tras el mundo sensible.

Solicitar la intuición sólo puede hacerse de forma «suave», porque no se trata de un deber que se reclama sólo así, sino de un acto de revelación, en el sentido espiritual del término, porque todo acto del ser humano está sujeto a una decisión, y toda decisión puede estar sujeta a la intuición.

Por tanto, para provocar una intuición se necesita una preparación, un acondicionamiento, un marco en el que esta pueda expresarse, pero también una forma de pedir y, después, de ponerse a escuchar. En cierto sentido, se puede hablar de un «ritual», ya que el procedimiento se parece a veces a una aproximación cultural, salvo que no es cuestión sólo de creer en uno mismo.

Aceptar el retorno al corazón

Aproximarnos a nosotros mismos requiere tiempo. Por ello, lógi-camente, a partir del momento en que decidimos estimular cons-cientemente la intuición, recuperando una fórmula bien conoci-da, debemos «dar tiempo al tiempo». Como en todas las cosas importantes, no podemos intentar nada válido con prisas. Justamente porque se trata de una cuestión «entre uno mismo y uno mismo», las reglas de funcionamiento habituales no resultan demasiado adecuadas.

La profundidad de nuestro ser, allí donde la intuición encuentra su materia prima, está en otra dimensión, otro espa-cio-tiempo. Nada puede hacerse, cumplirse, sin regresar al corazón, a esa unidad básica que es específicamente la nues-tra..., porque a partir de ahí, lógicamente, nuestro entendimien-to podrá desarrollarse, allí donde germina nuestra conciencia y se implantan nuestros conocimientos.

Es lo que en otros lugares y con otras palabras se llamará comúnmente *estar en nuestro elemento*, designación que precisa claramente que evolucionamos en nuestro «perímetro de armonía fundamental», allí donde puede ser total la comunión con nosotros mismos, con los seres y las cosas. Porque, a fin de cuentas, esta comunión es la que relaciona a la persona con su fuente vital, por una parte, y con todo lo que la rodea, por otra.

En consecuencia sólo la conciencia del instante, del presen-te, puede alcanzar altas cotas de claridad y luminosidad, haciendo que cada cosa sea comprensible y aprehensible. Entonces aparecen, como en filigrana, los vínculos tendidos que nos conectan con el pasado, así como con el futuro y tam-bién con nuestros semejantes. *Ya hemos regresado al lugar de la evidencia inicial.*

Capítulo 7
La superación de los límites

Nuestro retorno a los orígenes de la intuición nos revela mucho más que los detalles del proceso intuitivo. Al recuperar el contacto con nuestro ser más interno e íntimo, con nuestro origen vital, alcanzamos también, inevitablemente, el origen de todas las cosas. En este sentido, accedemos a lo universal.

Al recuperar el lugar de nuestra energía primera y fundamental —la que quema en cada ser—, nos fusionamos con todo lo que procede de esta misma energía, aunque las formulaciones materiales sean distintas. Somos sólo una parcela de energía, una chispa —algunos iniciados la llaman *estrella*—, una expresión entre tantas otras de ese mismo fuego que genera la vida, que «es» la vida.

Llegar a constatarlo tiene sus consecuencias. En primer lugar, ilumina nuestra búsqueda de la intuición con una nueva luz, que le otorga el sello de la autenticidad; por otra parte, se vuelve inevitable, a partir de ese momento, trastornar y superar nuestros comportamientos habituales para alcanzar un estado que haga emerger la intuición de la forma más susceptible posible.

Sin embargo, ¿qué vemos repentinamente durante nuestras investigaciones sobre el fenómeno intuitivo? Que esos límites fijados a nuestros comportamientos en realidad sólo existen en nuestra mente, son sólo conceptos, «encierros» voluntariamente consentidos. Al regresar a nuestro corazón, la intuición funciona como una salvadora: no sólo nos ilumina con sus brillantes informaciones, sino que, además, nos reconcilia con lo que somos realmente, en lo más profundo de nuestro ser.

Aprender a sentir, a percibir, a escucharnos, aleja inevitablemente todas las barreras y nos hace replantear nuestra propia noción de límite.

La «superación» se produce entonces de la forma más simple posible, ineluctable y serena, puesto que el estancamiento se convierte en anacrónico —fuera de la «cronología» natural— y se hace inconcebible.

Dejar a nuestra mente y cuerpo, a lo mental, expresarse plenamente, sea cual sea el tiempo previo de maduración interior, se convierte a partir de ese momento en el medio de dar a nuestro ser profundo la oportunidad de brotar con toda libertad, de expresar su propio genio, su especificidad y sus características sin igual. Y sabiendo, además, que toda intuición que aflora a la superficie de nuestra conciencia es, al mismo tiempo, una iluminación muy reveladora y un factor de regeneración intenso de nuestro trayecto vital.

Explorar la propia intuición

Antes de emprender cualquier acción para superar nuestros antiguos límites, es preciso que tengamos conciencia clara de lo que existe en el momento presente en nuestro comportamiento y de lo que vivimos diariamente en materia de intuición.

Seamos claros, no se trata tanto de medir o cuantificar lo que sea, lo cual sería aberrante en este campo, sino de delimitar al máximo nuestra relación con la intuición, nuestras reacciones respecto a esta y, sobre todo, hasta qué punto la integramos habitualmente en nuestra trayectoria diaria.

En una obra excelente, Claude Darche[23] nos propone pertinentemente algunas preguntas básicas que pueden ayudar a concretar y delimitar con gran precisión el papel que juega la intuición en nuestra vida:

23. Claude Darche, *op. cit.*

— Si dice *intuición*, ¿en qué piensa?

— Es usted intuitivo?

— ¿Qué elementos le hacen pensar que es o no intuitivo?

— ¿Qué anécdotas personales puede contar sobre su propia intuición?

— ¿Conoce a personas intuitivas? Si la respuesta es sí, ¿cómo se dio cuenta de que eran intuitivas?

— ¿Sueña a menudo? ¿Ha tenido sueños premonitorios?

— ¿Tiene confianza en sí mismo y en su juicio?

— ¿Adivina con facilidad lo que piensa alguien?

— ¿Le gusta imaginar lo imposible? ¿Le gusta crearse una visión de lo que podría ser en algunos años?

— ¿Por qué ha comprado este libro sobre la intuición?

— ¿Dicen de usted que es atento, sensible, cuando escucha a los demás?

— ¿Le sucede que entra en una habitación y en seguida se da cuenta del ambiente que se respira en ella?

— ¿Se da cuenta en seguida de lo que es cierto o falso en una persona?

— ¿Se da cuenta de los acontecimientos, buenos o malos, que se aproximan en su vida?

— ¿Se ha dicho frases como «Tengo que llamar a tal persona» o «Tengo que quedar con Pedro, hace tiempo que no lo veo y hoy me parece importante hacerlo»?

— ¿Tiene miedo de lo que no puede controlar racionalmente?

Las respuestas a estas preguntas permiten dibujar los contornos de la función que desempeña la intuición en nuestros actos y pensamientos de cada día. ¿Qué puede deducirse de estas preguntas? Permiten «saber», y saber es tener conciencia. Y la toma de conciencia conduce a la toma de confianza, a la confianza en esa parte de nosotros mismos que, durante toda la vida, permanece inconsciente, pero que no por ello resulta menos vital para nuestro desarrollo y nuestro equilibrio. Existe lo visible, lo razonado, lo intelectualizado... y, después, el resto, lo «no visible» y lo «no dicho», lo «no materializado», que procede de nuestro ser más profundo, que genera nuestros comportamientos más íntimos y significativos mucho antes del nacimiento del menor de nuestros actos.

Una vez más, esto tiende a demostrar que los únicos límites en nuestra forma de existir —por lo tanto, resistencias— son los que nosotros mismos, consciente o inconscientemente, colocamos en el perímetro de lo vivido. Cuando aparece alguna reticencia a adentrarnos en nuestro fuero interno, se crea un límite, que sólo podremos superar abandonándonos a una mayor expresividad, a una mayor escucha de nosotros mismos... ¡a través de la intuición!

Una cuestión de fe en nosotros mismos

Abandonarse, escuchar, ser receptivo..., tantas actitudes, elecciones, que presuponen que creemos en nosotros mismos. Porque la gran revelación en lo que afecta a la intuición es que nada sucede si no se acepta ante todo que «eso» puede suceder.

Es preciso creer en las propias capacidades y para ello dejar de presuponer, de dudar, de flotar en esa incertidumbre beata que mantienen todos los que tienen algún método de desarrollo personal para vender: la intuición está directamente relacionada con el lugar que queramos darle en nuestra vida.

Quizá sea banal repetir una vez más que *lo que creemos circunscribe lo que vivimos*, pero cabe reconocer que se trata de la realidad experimentada día tras día por cada uno de nosotros.

Nuestro recorrido se mide según la importancia, el nivel y la altura que le conferimos. Ciertamente, existen límites impuestos por los acontecimientos exteriores, que nos resultan infranqueables teniendo en cuenta nuestro «bagaje», pero son mínimos en vistas de los que nosotros mismos nos forjamos, siempre con buenas razones.

Así sucede con la intuición, cuya frecuencia, perspicacia y calidad dependen en gran medida del lugar que se les quiera otorgar. Para que la intuición pueda desarrollarse plenamente, es necesario que aceptemos abrirnos y, a partir de ahí, emprendamos un cierto trabajo sobre nosotros mismos.

Creer en nosotros, aceptar, reconocer que las respuestas están en nosotros significa dejar la puerta abierta a todas las expresiones, conscientes e inconscientes, significa admitir la realidad de nuestro estado en perpetua mutación.

La intuición en el origen del cambio

Superar los propios límites es comprender, finalmente, que el cambio no es un estado raro, sino un estado inscrito en noso-tros desde el primer instante de nuestra vida. En efecto, sólo somos «cambio»: nuestro cuerpo, nuestra mente, nuestros pensamientos son diferentes de un instante a otro; mutan, se regeneran, evolucionan. Nada es estático o fijo en nosotros.

Entonces, ¿por qué nos dejamos invadir por ese miedo ante los cambios que a menudo bloquea la mayor parte de nuestras facultades? Lo que todavía no conocemos, lo que aún no percibimos, lo que no nos han enseñado no es forzosamente negativo por el solo pretexto de que no entra normalmente en nuestros hechos y gestos.

La apertura del cuerpo y la mente induce un cambio natural y armonioso —y no ficticio o bloqueado, como sucede a menudo con los efectos «de moda»— que lleva a todo el ser hacia nuevas orillas. Aceptar que se pueden rechazar los límites, cambiar, no es sinónimo de renegar del pasado. Cambiar no significa forzosamente empezar de nuevo desde cero, es también evolucionar, aprender, descubrir y, finalmente, conocerse mejor, enriquecerse desde dentro.

El solo hecho de abrir el camino sin ninguna obligación, de dejar el camino libre a la intuición, ahora que sabemos todo lo que puede aportarnos y qué importancia puede tener su ayuda, nos devuelve la «autorización» para crecer, para ir más lejos en el camino de nuestra propia realización. En cierto modo, esto nos lleva a superar los mimetismos sociales para convertirnos en nosotros mismos, recuperando nuestra identidad profunda.

Al reaprender a decir «yo», con toda la fuerza de nuestro ser más íntimo, la intuición se revela de repente como un factor de realización. Y realizarnos es avanzar todos los días un poco más por el camino de la evolución, de nuestra propia realización, de desarrollo tanto en las resoluciones más esenciales como en los actos más ínfimos, es la afirmación sin desviaciones ni prejuicios de nuestro potencial, es el crecimiento recuperado, el medio de «convertirnos realmente en lo que somos desde lo más profundo de nosotros mismos».

Cuando es anacrónico, artificial, desequilibrado y sistemático, el cambio «por el cambio» no supone más que rupturas, choques y dolor. Pero cuando se realiza con plena armonía, cuando nos ayuda a estar bien con nosotros mismos y anula con naturalidad las resistencias, entonces se inscribe coherentemente con nuestro futuro. La energía de las tensiones o los rechazos, las prohibiciones, se transmuta entonces en otra energía, positiva, que también se reutiliza de la forma más positiva posible para alimentar nuestra trayectoria. No se produce pérdida, sólo transformación que nos libera y nos aproxima a nuestra profunda autenticidad.

El encuentro con nosotros mismos

Es obvio que, desde la toma de conciencia de la realidad de la intuición hasta la adquisición de confianza, después de aceptar que nuestros límites interiores pueden y deben superarse, de lo que realmente se trata es de mantener un encuentro con nosotros mismos, una cita que ni siquiera teníamos prevista y que resulta posible de pronto, situándonos en una posición totalmente inesperada.

De repente, nos encontramos frente a otra persona, que de entrada se desvela, se revela, se afirma en su identidad más esencial y natural. Otro ser que, con sus impulsos y sensaciones, se nos parece extrañamente, pero que, además, se abre a nosotros sin segundas intenciones ni prejuicios, en un cara a cara perturbador.

Obviamente, se trata del encuentro con nosotros mismos. Ese otro ser en el espejo es nuestro ser profundo, que ha

90

aceptado finalmente abrirse, entregar sus secretos, abrir su territorio —hasta entonces celosamente preservado— a la intuición. Se nos aparece de forma externa, ya que todavía no hemos aceptado todos sus aspectos, todos sus secretos, todos sus relieves.

A partir del momento en que se franquean determinados límites, alejando las referencias precedentes y las antiguas concepciones, en ese estado de desapego que conllevan todas las formas de ruptura y de «muerte simbólica», se produce, a la fuerza, un nuevo nacimiento.

Un nuevo ser emerge de las incertidumbres y los interrogantes del pasado, de las dudas y los miedos, de las obligaciones y los límites, de los antiguos sistemas de pensamiento y otros reflejos condicionados. Un ser receptivo, abierto y atento a sus mínimas percepciones, con una sensibilidad exacerbada, a flor de piel, como principal baza, que se traduce en una intuición permanente, rica, con mil matices, vinculada con la fuente esencial de la vida, con la sabiduría sin edad y la luz infinita que, al abrigo de miradas indiscretas, irradia toda la existencia del interior.

Capítulo 8
Comportamientos y técnicas para desarrollar nuestra intuición

Como se habrá entendido ya, el enfoque de la intuición es tan esencial que pone en duda nuestra forma de pensar y, por consiguiente, incluso lo que somos. Admitir que podemos acceder a una mayor receptividad, a un conocimiento multiplicado gracias a la intuición, significa ya cambiar, convertirse en diferente al instante.

Pero, más allá de las palabras, el desarrollo de la intuición es cuestión de comportamientos diarios y de técnicas, que también muy pronto muestran tener la simplicidad de la evidencia. Con más o menos diferencias, lo que genera la intuición no es una toma de posición razonada o una elección consciente, sino un determinado estado físico, una actitud interior particular y, así, una forma de ser, que nos esforzaremos en desarrollar y mantener el máximo tiempo posible. En este terreno ideal, despojado de todo, dedicado a la armonía esencial, es donde germinan las intuiciones de la forma más prolífica.

De camino hacia el «interior»

Tal y como se ha mencionado varias veces, todo sucede «en nuestro interior», en lo más profundo de nuestro ser. Por consiguiente, si deseamos ver florecer la intuición tan a menudo como sea posible, debemos adoptar una determinada «actitud interior». Sin embargo, saber cuál es esa actitud es una cuestión que ni siquiera se plantea, ya que sólo existe una única actitud que sea verdaderamente sinónimo de equilibrio, de armonía, de esa relación sutil entre lo visible y lo invisible, entre todas esas fuerzas que entran y salen de nosotros a lo largo del tiempo, entre impulsos y sensaciones, inspiración y expiración.

Se trata de ese particular estado donde se alcanza el justo medio, donde las energías se equilibran, donde el cuerpo se convierte en mente y la mente se funde en la materia. Todo nuestro ser se resume entonces en una forma de ser, abierta al mundo y a los demás, de disponibilidad y de receptividad totales, características de la aceptación.

Esta actitud se traduce en una escucha profunda, de cada instante, aquí y ahora, en nuestro estado vibratorio del momento, doblado por una ausencia de razonamiento o interpretación, de lo que fluye y atraviesa nuestro ser a lo largo del tiempo.

La actitud ejemplar no existe: sólo puede haber una actitud interior por persona, no un modelo llegado de fuera. Cada uno de nosotros vive, percibe, siente, reacciona según su propio ritmo interior, según su vibración, que es única. La actitud interior es un abandono de uno mismo en uno mismo, una forma de existir en el instante, en la resonancia ambiental y presente, en la simplicidad de la desnudez total.

Sólo a este precio, el de un estado particular llamado para servir de «campo de expresión», la intuición podrá germinar y desarrollarse. Por tanto, ahora nuestro enfoque sobre la intuición consistirá en encontrar el método más apropiado, desde nuestro punto de vista, para llegar a ese estado.

Como acabamos de ver, existe un determinado número de métodos, y todos convergen hacia un objetivo común. Se trata de que cada personalidad, que tendrá más afinidades con una determinada práctica que con otra, encuentre las ventajas o inconvenientes en los ejercicios de una u otra de esas aproximaciones. Evidentemente, lo mejor sería tomarnos el tiempo de experimentar personalmente cada método y después hacernos una idea precisa sobre lo vivido. Pero a menudo es más fácil decir que realizar; de momento tendremos que contentarnos con descubrir una a una esas técnicas que contribuyen ampliamente al desarrollo de la intuición.

Antes que nada, «limpiar a fondo»

Antes de examinar los diferentes métodos que facilitan la emergencia de la intuición de una forma ágil y operativa, debemos detenernos un instante en algunos trabajos preliminares, que, a modo de preparación, tendrán por efecto conducirnos física y psíquicamente al estado más propicio para el desencadenamiento del proceso intuitivo.

Como hemos visto, nuestro cuerpo y nuestra mente —nuestro ser en todo su conjunto— son los que servirán a la intuición como terreno de expresión, como un auténtico «campo de maniobras», donde se mezclan sensaciones, percepciones, visiones, presentimientos y muchos otros elementos a menudo apenas inteligibles.

Para ello, con el fin de que el mínimo matiz pueda germinar y tomar cuerpo, de que el más ínfimo impulso intuitivo surja a la luz de nuestra atenta conciencia, nuestra primera tarea es concentrar nuestros cinco sentidos en ese surgimiento tan esperado. No se trata de fijar su funcionamiento en una espera estrictamente dedicada al proceso intuitivo, sino más bien de ampliar su paleta expresiva, para incluir lo que es preciso considerar, por sus contenidos muy significativos, como una forma de lenguaje.

La cuestión se puede resumir de la siguiente manera: se trata de afinar las capacidades receptivas de nuestros cinco sentidos, que habitualmente ya cumplen una importante función de información, pero que, en general, están orientados hacia el exterior de nosotros mismos. Ahora hay que ser operativos también hacia el interior, orientar los sistemas receptivos —asimilables a auténticos radares— más allá de la barrera de nuestro cuerpo físico, para ponernos a escuchar a nuestro ser profundo. La imagen del radar parece particularmente apropiada en esta materia, ya que, en efecto, se trata de estar atento permanentemente a la mínima percepción que nos marquen nuestros sentidos.

Así también deberemos abrir nuestro *gusto* a todo lo que no conocemos, tanto a las personas como a las cosas. Aceptar y vivir plenamente nuestra existencia significa, en primer lugar, saborear y apreciar las parcelas más ínfimas, las porciones más íntimas; representa encontrar y definir los matices de todo lo que encontramos, afinar nuestras percepciones, aceptar que podemos descubrir nuevos sabores, ampliar la paleta de nuestras propias referencias, privilegiar el gusto por encima de la cantidad.

Nuestro *oído* tampoco debe ser menos y ha de manifestar también una nueva apertura, una particular disponibilidad respecto a todo proceso intuitivo que pueda producirse en su «esfera de competencia». En efecto, en materia de intuición no podemos esconder la función del sonido, debemos estar atentos a los simples fenómenos vibratorios de zumbido en los oídos, pero también a sonidos más elaborados que a veces se oyen con total claridad. En este sentido, la percepción auditiva ejerce un papel de primer orden cuando se indican las posibles formas de intuición. No es por casualidad que las tradiciones espirituales más antiguas otorguen al sonido una dimensión cósmica y universal, que le hace atravesar el tiempo y el espacio como si fuera un revelador del alma humana. Tampoco debemos olvidar esa «voz interior» a la que hacen referencia muchos cultos y prácticas iniciáticas, dando a entender, sin duda, que el ser profundo de toda persona crea su propia música interior, que no se parece a nada y que no es más que el reflejo de su alma.

El *tacto*, por sus percepciones más concretas, también puede tener una función de primer orden en materia de intuición. El aspecto vibratorio, el encuentro de la piel humana con el mundo exterior se define en todas las circunstancias en términos de intercambios vibratorios. Antes incluso de que se produzca el contacto físico, nos llega mucha información, aunque la mayor parte se reciba de forma inconsciente. El intercambio está ahí, es evidente y, a menudo, muy fuerte, aunque no se tenga plena conciencia. El tacto pone en marcha nuestras capacidades receptivas y perceptivas más fundamentales. Por ello, es vital integrarlo totalmente en nuestra búsqueda de la intuición, dedicándole tiempo y los medios «intuitivos» necesarios. La información que nos transmite el tacto debería estar mejor explotada, mejor descifrada... Una vez más, la consigna viene dada por las palabras *apertura* y *disponibilidad*.

96

Contra todo lo esperado, tampoco debemos despreciar la *vista* cuando nos interesamos por la intuición, pero, obviamente, se puede ver y «ver». Ver con los ojos y ver con el alma... esa es toda la riqueza de la condición humana. Nuestros dos ojos cumplen diariamente su fabuloso trabajo, son el contacto indispensable con la realidad exterior, pero no podemos olvidar ese tercer ojo, tan apreciado por los espiritualistas de todos los tiempos, que hace referencia a esa forma diferente de ver, de mirar, directamente con el alma, y no sólo con los órganos físicos. La conexión con nuestra fuente profunda, la mirada dirigida hacia el interior, hacia nuestra fuente vital más íntima —de esto se trata cuando se va en busca de la intuición— procede de esta «segunda vista», de esta otra dimensión dada a nuestro sentido primitivo de la visión. Además, resulta muy interesante que algunas intuiciones sean consideradas como «visiones»... Hacia lo que habrá que tender es hacia otra manera de ver, de dar un sentido a las formas y a los colores, de llegar al fondo de las apariencias para «ver» algo más que la materialidad de las cosas, los seres o los hechos, otorgando así otro sentido, otra resonancia, al simple hecho de abrir los ojos.

El *olfato*, por último, ha sido desde siempre una baza fundamental en nuestra paleta de percepciones básicas. En este sentido, su fuerza debe asociarse a la apertura general de nuestro cuerpo y de nuestra mente con el proceso intuitivo. Oler es, por excelencia, una función en la frontera entre lo material y lo extramaterial: se huele tanto con el órgano como con la mente; de hecho, la conexión fisicomental tiene lugar en el olfato. En este sentido, es una puerta entreabierta para la percepción y la comprensión de la intuición. Por el olfato transitan a lo largo del tiempo una gran cantidad de informaciones de las cuales conscientemente utilizamos sólo una ínfima parte. Nuestro trabajo en este ámbito consistirá en llegar más lejos en su utilización y en descifrar todos los datos informales e inconscientes percibidos a diario, de los cuales un buen número tiene un carácter intuitivo.

En la primera parte de esta obra hemos visto que la intuición nace más allá de nuestros cinco sentidos. Lo que acabamos de decir no replantea esta afirmación, sino que, simplemente, matiza que nuestros sentidos, tan limitados como pueden ser, pueden, no obstante, ser el instrumento para concretar y materializar nuestras intuiciones cuando ven la luz en nuestro ser más íntimo.

Después de abrir nuestros sentidos, para conseguir más disponibilidad, perspicacia y eficacia en su manera de transmitirnos lo que perciben inconscientemente, a continuación nos centraremos en el interior de nosotros mismos, con el objetivo de delimitar con precisión el estado al que es indispensable llegar para estimular activamente el mecanismo intuitivo.

En la frontera de las conciencias, un «estado» de la intuición

Con una cierta dosis de paciencia, un poco de perseverancia y mucha escucha de nosotros mismos, constatamos que existen diferentes tipos de momentos propicios para la emergencia de la intuición. Sin embargo, es difícil caracterizarlos en conjunto, ya que a menudo aparecen en función de las circunstancias, de la situación en curso o, como hemos visto anteriormente, de una problemática más o menos urgente.

Lo que, en cambio, puede delimitarse con una cierta precisión es el estado psíquico y mental ideal para desencadenar el proceso intuitivo. En efecto, muchos estudios del cerebro humano han demostrado que este atraviesa diferentes fases durante un periodo de veinticuatro horas. Estas fases se dedican progresivamente a la acción, la reacción, la recuperación, la concentración, la expansión..., que son fenómenos relacionados diariamente con el funcionamiento de nuestro cuerpo y de nuestra mente.

La intuición nace en lo más profundo de nosotros, y es lógico que esto se produzca en un momento en el que nuestro cerebro esté muy disponible, apto para dedicarle la energía que necesita para crecer y desarrollarse. Este periodo tan particular se denomina «estado alfa». Para comprender toda su importancia, podemos recuperar por un momento a Michel Giffard:

«Cuando se mide la actividad eléctrica del cerebro humano con un electroencefalograma y se realiza una correlación con el estado de conciencia de la persona (por ejemplo, durante el estudio científico del sueño y los sueños), se obtienen los siguientes resultados:

»— ondas beta: > 14 hercios de frecuencia y de 10 a 50 microvoltios de amplitud. Se corresponden con el estado de conciencia ordinario, vuelta hacia el exterior;

»— ondas alfa: de 7 a 14 hercios de frecuencia y 100 microvoltios de amplitud. Se corresponden con el estado de conciencia interiorizado, la tranquilidad sensorial y mental, la relajación física y psíquica profunda;

»— ondas teta: de 4 a 7 hercios de frecuencia y 200 microvoltios de amplitud. Se corresponden con las fases de sueño ligero y se utilizan en cirugía en el control del dolor; facilitan percepciones extrasensoriales;

»— ondas delta: < 4 hercios de frecuencia y > 200 microvoltios de amplitud. Caracterizan el sueño profundo y los estados de inconsciencia».[24]

El estado alfa es, por consiguiente, el que precede inmediatamente o sigue de forma muy próxima al adormecimiento. En ese momento es cuando nuestra conciencia vacila, en esa franja de tiempo muy especial, a menudo indefinible e imperceptible, en la que no estamos ni despiertos ni dormidos. Durante esta especie de paréntesis en el tiempo es cuando se producen frecuentemente buenas ideas e intuiciones, imágenes furtivas y sensaciones incomparables que, una vez analizadas, posteriormente cambiarán nuestro comportamiento y algunas de nuestras elecciones.

El estado alfa es, en cierto modo, el «lugar ideal» de la intuición, la configuración espaciotemporal en la que todo nuestro ser parece más receptivo a la frágil complejidad del mensaje intuitivo. En el estado natural, el estado alfa dura habitualmente sólo algunos instantes todos los días, cuando nos dormimos y

---

24. Michel Giffard, *op. cit.*

cuando despertamos, lo que deja finalmente muy poco tiempo para estimular nuestra intuición.

Las técnicas destinadas a provocar la intuición tenderán, pues, a desarrollar nuestra aptitud para ponernos «voluntariamente» en estado alfa. Esto es como decidir modificar nuestro ritmo cerebral para que nuestro cerebro produzca ondas alfa, pero sin caer en el sueño, de forma que permanezcamos conscientes con el fin de percibir claramente los surgimientos intuitivos.

En otras palabras, el estado alfa nos permite funcionar simultáneamente en estado de vigilia y en estado de sueño: nos sirve de pasarela, única en su género, entre la parte exterior de nuestra conciencia, con la que «funcionamos» generalmente en nuestras actividades diarias, y esa otra parte, verdadera «conciencia interna», que permanece escondida en nuestro fuero interno y, habitualmente, se expresa sólo con el inconsciente. En este sentido, el estado alfa se puede considerar como una puerta abierta a nuestro ser más profundo, a nuestra verdad y nuestra realidad más íntimas, de las que la intuición es, a la vez, el reflejo y el mensajero.

La relajación, una etapa decisiva en el retorno hacia nosotros mismos

Actualmente pocas son las personas que no hayan oído hablar de relajación, ya que esta palabra ha entrado de forma genérica en nuestro lenguaje diario desde hace unos veinte años. Pero de la palabra a la práctica, pasando por una definición claramente inteligible para todos, se encuentra, desafortunadamente, si no la incomprensión total, al menos múltiples matices sobre su entendimiento.

La relajación debería ser considerada esencial por cada uno de nosotros, ya que se impone, obviamente, como el contrapunto necesario a la vida que llevamos en el mundo de hoy en día. Mientras en el exterior todo es velocidad, competición, aceleraciones y ritmos desenfrenados, la relajación da de nuevo un lugar al descanso corporal, a la calma benefactora, al sosiego de los pensamientos; establece una distancia salvadora, marca un tiempo de detención, delimita un paréntesis.

Al igual que se limpia el suelo de impurezas y otros residuos, y después se nivela con cuidado, antes de revestirlo con una capa de asfalto, para construir una carretera practicable de líneas armoniosas, tenemos que «limpiar el terreno» de nuestro cuerpo para que la intuición pueda impregnarlo con su significativo mensaje.

Aunar cuerpo y espíritu, suavizar las tensiones y los problemas hasta la desaparición de las molestias y el dolor, restablecer la libre circulación de las energías, dejar el campo libre a las emociones, despejar la mente de las preocupaciones que la ocupan y la entorpecen..., estos son los beneficios de una relajación realizada en condiciones óptimas.

Pero más allá de la relajación muscular o de esa paz interior inherente a la «reconcentración» del ser en sus funciones más esenciales, la relajación está en el origen de una fuerte producción de ondas alfa. Lo que es lo mismo que decir que la relajación es una vía recuperada para estimular y provocar la intuición.

Una vez más debemos ponernos de acuerdo sobre lo que se denomina relajación. No es necesario dispersarse en una multitud de prácticas. Lo importante es no olvidar nunca que la finalidad buscada es únicamente la fuente, el retorno a unas sensaciones lo más puras posible, la llamada del silencio interior, el acto consciente, la unidad del cuerpo y la mente en el mínimo gesto o el menor pensamiento. Tanto si se trata de respirar o mirar, como de sentir o escuchar, cada función debe recuperar el tiempo necesario para su plena realización.

La fórmula conocida aquí y ahora como zen es particularmente adecuada en materia de relajación. Nada debe contar más que el instante presente, el espesor del momento, la realización en curso... hasta el presente siguiente. Relajarse es volver a encontrar una unidad de existencia, armonizando de nuevo todas las funciones en una sola dirección, siguiendo el mismo ritmo. Es tomar conciencia del mínimo gesto, vivir plenamente la menor de nuestras expresiones, tanto físicas como mentales, y dejar que cada uno de nuestros impulsos tenga tiempo de materializarse, de afirmarse, de existir.

Dicho con otras palabras, relajarse es volver a aprender a vivir, a escuchar nuestros ritmos internos. Esos mismos ritmos que nuestra civilización erigida en modelo y nuestro mundo moderno ahogan cada día un poco más a base de argumentos publicitarios y comportamientos estereotipados.

Escuchar nuestro cuerpo vibrar y resonar, oír nuestros pensamientos, caminar sin prisas, encontrar la satisfacción del gesto maduramente reflexionado y correctamente realizado, descubrir una parcela de bienestar en el menor acto, en una mirada o una sonrisa, recuperar el gusto por el silencio y sus mil matices... Estas son las riquezas a las que nos lleva la relajación, en un fascinante retorno a esa simplicidad inicial que se resume en una sola palabra: ser.

Ejercicios básicos

Existe un gran número de ejercicios de relajación que tienden a devolver al cuerpo y a la mente su plena y total identidad, a disolver los nudos debidos al estrés, a dar una funcionalidad óptima a cada parcela de nuestro ser.

En general, el primer punto que se aborda es el de las tensiones musculares; en efecto, nadie puede ser dueño de sus gestos si su torso o sus miembros, su cuello o su rostro están en tensión.

En el camino de retorno hacia la paz interior, la primera etapa consiste, por tanto, en relajar el cuerpo. Para ello, basta con tomar una posición lo más agradable posible, tanto tumbado en el suelo como sentado en una silla. Una vez cómodamente instalados, lo único que tenemos que hacer es observar «el estado de los sitios» de nuestro cuerpo, es decir, pasar revista a cada parte de este, con el fin de encontrar y desactivar todas las tensiones que detectemos.

El principio es muy simple: designamos mentalmente una parte del cuerpo (la mano izquierda, el brazo izquierdo, el hombro izquierdo, etc.) y después tensamos muscularmente todo lo posible esa parte durante unos diez segundos, antes de relajar esta tensión voluntaria espirando ampliamente. Esta sucesión de tensión-relajación tiene como efecto disolver de inmediato la tensión en la parte afectada, que aparece entonces como extraordinariamente ligera, recorrida con fluidez por nuestra energía.

La gran simplicidad de esta técnica para eliminar las tensiones permite utilizarla, parcialmente en esa parte del cuerpo que aparece de repente en tensión, en cualquier momento del día, tanto si estamos en casa, como si nos encontramos en el trabajo. Prestaremos una atención particular a las zonas del cuello y el rostro, que, en general, son las más tensas y exigen, por tanto, «intervenciones» más frecuentes.

Cuando de este modo todo el cuerpo se haya desembarazado de los «nudos» que molestan, podremos pasar a la siguiente fase. Consiste en encontrar una respiración armoniosa, porque no tendremos ninguna posibilidad de retomar contacto con el equilibrio y la armonía si el flujo y el reflujo del soplo de vida que nos anima no se realizan en nuevas condiciones. Por tanto, nos dedicaremos a vivir plenamente esos momentos intensos durante los cuales el aire entra en nuestro cuerpo. Podemos acompañar mentalmente el trayecto que realiza el aire, partiendo de la nariz, siguiendo por la garganta, descendiendo luego por la laringe hasta llegar, por último, a los pulmones, donde se expande ampliamente.

Cuidado, no obstante, con respirar de cualquier manera, cosa que sucede a menudo: lo correcto es inspirar por la nariz, luego hinchar el abdomen y, finalmente, dejar que el tórax se llene de aire. Y debemos espirar por la boca. Durante la relajación, la inspiración-espiración debe efectuarse lenta y armoniosamente y de forma fluida, sin choques ni interrupciones.

Si disponemos de tiempo, una sesión de relajación realizada en condiciones óptimas, en casa, con tranquilidad y, si queremos, con una música muy suave como acompañamiento, puede durar de 20 a 30 minutos, después de los cuales debe haber desaparecido cualquier tensión.

En la vida cotidiana, en el transcurso de múltiples actividades que ocupan nuestro día a día, generalmente disponemos de menos tiempo para ocuparnos de nosotros mismos. Pero esto no debe impedirnos dedicar tiempo a la relajación: con un poco de práctica, sólo bastarán algunos instantes de aislamiento para eliminar una tensión en un brazo o un pie, o para relajar el cuello, ese «auténtico centro de circulación» por el que transitan todos los nervios principales. Y llegará un día en que nos sorprenderemos efectuando algunos gestos de relajación «durante» nuestras actividades diarias; esto será el signo de que hemos reconocido los beneficios de la relajación y de que hemos sabido integrarla en nuestra vida de forma inmediata.

Poco a poco, la relajación debe formar parte de nuestras costumbres, hasta ocupar su lugar, como un centinela al acecho de la mínima tensión. Así es como, por ejemplo, se le conferirá la tarea de intervenir instantáneamente cuando se perciba y se localice una tensión, tal como precisa Claude Darche en su «reflejo condicionado de relajación inmediata»:

«Este ejercicio le permitirá poco a poco producir instantáneamente una "repuesta-relajación", tanto si está sentado, como de pie o tumbado, y en cualquier situación de estrés, cansancio o tensión emocional o afectiva.

»Siéntese o túmbese, después cierre los ojos, apriete los dedos de su mano izquierda si es diestro, o al contrario si es zurdo, y diga mentalmente: "Cada vez que apriete mis dedos de esta manera, me encontraré mentalmente en estado de total relajación".

»A continuación, póngase en ondas alfa y piense, al apretar los dedos: "Cada vez que haga este gesto, sea cual sea la posición de mi cuerpo, de pie, sentado o tumbado, con los ojos abiertos o cerrados, encontraré instantáneamente el estado en el que estoy ahora"».[25]

---

25. Claude Darche, *op. cit.* En sintonía con ese ejercicio básico, el autor propone otros cuatro, especialmente dedicados al entrenamiento de los dos hemisferios del cerebro —siempre desde el punto de vista de una estimulación efectiva de la intuición.

La meditación o «el arte del paréntesis»

Cuando hablamos de «dar tiempo al tiempo», de regresar a la fuente del ser profundo, de abrir la mente a una mayor comprensión de lo que nos rodea y de sus propios misterios, no podemos dejar de recordar ese otro camino de retorno a lo esencial que es la meditación.

Una vez más, todo el mundo ha oído hablar de ella, pero muy pocos son los que le otorgan todo el interés que merece. Meditar es, literalmente, detener toda actividad, tanto física como mental, para abandonarse a la calma de la vida. Es aceptar abrir un paréntesis en el tiempo y en el espacio, interrumpir el flujo y el reflujo de las sensaciones, la marea tumultuosa e incesante de los pensamientos... En una palabra, ponerse voluntariamente detrás de toda expresividad, ser espectador de la propia vida.

No obstante, esto no significa que no se exista. Al contrario, el retorno a la calma interior equivale, de hecho, a realizar una de las concesiones más enriquecedoras que podemos hacer, a la apertura de una nueva puerta que da a nosotros mismos, detrás de la cual hallaremos multitud de riquezas.

Para dejar sitio a la intuición, es preciso que, en primer lugar, nos desembaracemos, tanto como podamos, de lo que vivimos diariamente, de todo lo que en general molesta sin ser realmente fundamental. Alcanzar la calma mental, a la detención del pensamiento, no es, de entrada, una cosa fácil en nuestro mundo, donde todo son prisas y exigencias varias, actividades apresuradas y «gestión» del tiempo, racionalización de los espacios y mundialización de las transferencias.

Por consiguiente, un nuevo reto se presenta ante nosotros: detenerlo todo, privilegiar de repente el vacío y el silencio, restablecer un auténtico contacto con nuestra vida interior. Se podría hablar, incluso, de provocación por nuestra parte, ya que se trata de defender abiertamente la posición contraria a los usos y costumbres del perfecto ciudadano moderno, que se debate con un horario sobrecargado permanentemente.

La meditación no es una forma de pensamiento, ya que, por esencia, es «la negación de todo pensamiento». La meditación es un estado, un estado vivido en lo inmediato, *aquí y ahora*, en la única realidad del soplo presente. Pero todo estado de existencia es también, en sí, un estado de conciencia; en cuanto a la meditación, se trata de una conciencia «modificada». Una conciencia que, de pronto, encuentra un campo de expresión, que desborda sus límites habituales para permitirse el lujo de ir a pasear lejos de todas sus limitaciones.

Y de repente las barreras caen, se mezclan el interior y el exterior, se reúnen, se encuentran. El silencio interior descubre un álter ego, un doble: el silencio meditativo exterior. Una denominación un poco fría, ¡pero también una luminosa evidencia! Una vez más, emerge otra realidad, lejos de los reglamentos y de los lenguajes de todo tipo.

La meditación tiene algo excepcional: situándonos fuera de todas las contingencias, en el tiempo y el espacio, libera las energías, abre la vía de la expresión a nuestras vibraciones más íntimas, en cuyo nombre la intuición de pronto encuentra su caldo de cultivo. El presente adquiere entonces una amplitud, una dimensión nunca antes alcanzada; mucho más que una simple porción de tiempo con un principio y un final, es simplemente la marca de la existencia, sin referencia a ningún pasado o a un hipotético futuro. Aquí, sin ningún vínculo con quien sea o con lo que sea. Un paréntesis que establece lo más auténtico, el más puro intercambio que pueda existir, *entre uno mismo y uno mismo*.

Porque es una cita muy especial con nosotros mismos, la meditación puede adquirir múltiples formas, pero sigue siendo la expresión de un idéntico caminar interior, una apertura de nuestro ser más íntimo, que tiene poco que ver con las utilizaciones más prácticas que a veces se desea que asuma (como, por ejemplo, la pretendida «meditación» sobre un tema determinado para encontrar soluciones que, en realidad, es competencia de la reflexión, aunque esté teñida por una profunda relajación física y mental).

Las tradiciones orientales han convertido la meditación en uno de los pilares de su auténtica sabiduría. Durante varios milenios han experimentado y afinado esa noción de vacío, ese

106

silencio, esa no acción, esa absoluta limitación al presente inmediato que son sus parámetros esenciales. El rechazo a todo pensamiento se ha erigido poco a poco como la última muralla contra las palabras, las ideas y, más ampliamente, toda intelectualización, reconociendo en esta la fuente de todos nuestros males.

En realidad, se trata de un camino espiritual. Esta «contemplación interior» se convierte entonces en una práctica fundamental, en sintonía con una ética de vida. No es sorprendente, por tanto, que se encuentre en las enseñanzas espirituales. Por un determinado ambiente de disponibilidad y acceso a un nivel de conciencia específica, la meditación otorga a la intuición los medios para expresarse. En efecto, celebra, de la forma más depurada posible, ese «viaje» sin igual que nos conduce hacia nosotros mismos, ese «retorno» con acentos de reconciliación con nuestro ser.

Un viejo pintor chino, que practicaba a la maravilla el arte de la caligrafía, representaba maravillosos paisajes de montaña, de una belleza sublime y una complejidad asombrosa en todos los detalles. Cuando le preguntaban cómo lograba tal dominio —sobre todo sabiendo que la caligrafía es un surgimiento de la inspiración en el pincel y que nunca se repite un trazo—, sonreía un instante, posaba su mirada profunda en su interlocutor y respondía tranquilamente: «Me siento delante de una montaña y espero. Puede tardar días, semanas, meses. Cuando yo mismo me convierto en montaña, sólo queda tender el brazo y poner mis colores sobre la tela».

Ser, sin nada que influya o bloquee esta función. Ese es, a la vez, el objetivo, el medio y el fundamento de la meditación. En este estado de abandono, de total disponibilidad, la intuición encuentra una nueva vía para expresarse.

Ejercicios básicos

Como se habrá entendido, la meditación tendrá como objetivo crear una atmósfera y un marco particularmente propicios para el nacimiento y el desarrollo de la intuición. Sin duda, no es un camino obligado para desarrollar la intuición, porque, tal como hemos dicho anteriormente, existen otras técnicas para hacerlo, pero debe reconocerse que las prácticas meditativas están particularmente adaptadas al desarrollo de nuestras facultades intuitivas.

No obstante, nunca debemos olvidar que todos los matices tienen su importancia. No hay detalle que no sea significativo. Dicho en otras palabras, debemos abordar la puesta en práctica de la intuición con prudencia, no porque corramos un riesgo especial, sino más bien porque existen tantos métodos que podemos sentirnos muy perdidos entre esas distintas aproximaciones.

En primer lugar, hay que considerar la práctica de la meditación como un *ritual*, pero no como los rituales que pueden intentar imponernos desde fuera, en cualquier momento o lugar, desde cualquier familia de pensamiento más o menos «directiva». Se trata de un «ritual» que habremos escogido voluntariamente, después de haber examinado sus características a conciencia y haber reflexionado detenidamente sobre ellos.

No obstante, quien dice ritual dice, en general, «preparativos»... y la meditación no escapa a esta regla. Antes de alcanzar el estado de meditación total, es preciso que desconectemos uno a uno los principales cables sensitivos que habitualmente nos unen con el mundo exterior. Este proceso preparatorio podría denominarse *premeditación*, porque se refiere a ejercicios previos a la meditación propiamente dicha cuya finalidad es ponernos en las mejores condiciones posibles para alcanzar el estado meditativo. Para ello, deberán reunirse un cierto número de requisitos.

La preparación física
Escogeremos un rincón tranquilo del lugar donde vivimos, un espacio que en adelante dedicaremos a las sesiones de meditación, en el que nadie nos moleste, ni tampoco el teléfono o los distintos ruidos de la vida diaria (electrodomésticos en funcionamiento, circulación en la calle, obras, vecindario...). Una vez

tranquilos, debemos liberar el cuerpo de todo lo que pueda molestarlo (el botón que cierra el cuello de la camisa, el cinturón, un pantalón demasiado estrecho, los zapatos...) y ponernos ropa amplia y cómoda. A continuación, adoptaremos una posición, sentados o tumbados, que nos resulte cómoda (sin provocar cansancio o dolores particulares) para estar quietos durante al menos 20 minutos.

La respiración
Como hemos visto, la respiración es una función esencial de nuestra existencia, pero no es sólo eso, también puede convertirse en un instrumento completo de la modificación de nuestro estado de conciencia y, por tanto, de nuestro despertar a la intuición. En todo momento, por su vínculo estrecho con las funciones vitales, la respiración es el reflejo de lo que somos: si tenemos prisa, si estamos angustiados, sin ideas o en búsqueda de un nuevo aliento, la respiración copia nuestro dinamismo del momento..., lo que nos recuerda que también somos su imagen y que rebajar nuestra reparación puede conducirnos a un estado de conciencia particular, sobre todo si deseamos que sea el apropiado para el desarrollo de la intuición.

El espacio interior
Para que aparezca la intuición, es necesario un determinado número de circunstancias, de parámetros básicos, pero también un lugar donde se desarrollará con toda quietud, donde podrá afirmarse y crecer con total serenidad hasta su eclosión en plena conciencia. Por ello es preciso que acondicionemos un espacio reservado en nuestro fuero interno, un santuario con aspecto de «templo interior», donde iremos a buscar esas parcelas de «saber inmediato» que son las intuiciones. Ese templo, en lo más profundo de nosotros mismos, es el lugar, totalmente privado, inaccesible a todo el mundo, de nuestra fuente, de nuestras intuiciones, de nuestra profunda sabiduría.

Allí, en nuestro templo interior, se revelará en su grandeza ilimitada la dimensión intuitiva de nuestro ser. Concretamente, imaginaremos un lugar ideal, natural, hacia el cual regresaremos cada vez que busquemos una intuición. En este marco, respondiendo a todas nuestras necesidades, nacerán en adelante, una a una, las intuiciones que enriquecerán nuestra trayectoria vital.

Las comunión con las energías

Cuando se alza para cumplir su destino, cuando asume su trayectoria, el ser humano se erige como el último eslabón de nuestra humanidad, en términos de evolución, pero también constituye un vínculo más o menos simbólico entre el cielo y la tierra. En efecto, después de muchas dudas y aplazamientos, hoy en día ya no debemos demostrar la influencia de los campos vibratorios que asaltan permanentemente nuestro planeta. Con el paso del tiempo, los seres humanos nos situamos entre las fuerzas cósmicas que nos bombardean con ondas del mismo nombre y las fuerzas telúricas nacidas de la tierra. Ambas pueden ser, por separado o conjuntamente, nefastas o francamente positivas. Por consiguiente, es necesario que la persona asuma plenamente esta verticalidad que la convierte en una especie de «fusible» entre todas las fuerzas que se encuentran en la superficie de la Tierra.

El equilibrio, la armonía y la estabilidad, tanto de nuestro cuerpo como de nuestra mente, dependen en gran parte de la fluidez con la que esas fuerzas nos atraviesan, actúan en nosotros, y con nuestra forma de utilizarlas.

El templo interior del que hablábamos antes se alimenta de esas energías: el contacto con las fuerzas telúricas nos arraiga, nos ancla en la tierra; el de las energías cósmicas nos pone en relación con el universo, con esa fuerza inmanente que organiza el cosmos, esa Luz que ilumina todos los planetas. Dar el justo sentido a nuestra presencia es permitir a esas energías, a esa Luz, que discurran por nosotros con una fluidez total, gracias a un vínculo, a una reconexión con esos dos polos sin los cuales la vida no existiría.

La meditación nos confirmará que la afirmación de nuestra verticalidad es un factor esencial de desencadenamiento, de independencia y de madurez emocional.

La nueva concentración del ser

Evocar la Luz hace referencia, obviamente, a una noción de espiritualidad que induce a una nueva concentración indispensable del ser, no ya en lo mental, como deja falsamente entender la modernidad de hoy, sino en su hogar inicial, que no es otro que el corazón en su acepción más amplia. La Luz no es únicamente una luminosidad o una claridad ambiental, sino más bien una sustancia que circula por nuestro cuerpo, tal y como subraya con gran acierto el psicoterapeuta norteamericano Judee Gee: «Cuando estamos energéticamente relacionados con la tierra y el universo en el eje vertical de nuestro cuerpo sutil, la Luz, que imaginamos como una sustancia líquida, clara, viva y fluida, puede ser distribuida entonces por el conjunto de nuestro cuerpo sutil y físico para purificarlo, alimentarlo y equilibrarlo. Al mismo tiempo, desplazamos el centro de nuestra cabeza al centro de nuestro pecho, imaginando nuestro corazón como el punto central de nuestra conciencia, la sede de la sabiduría de nuestra alma. El corazón recibe las energías de la tierra y del universo, esas dos energías líquidas se encuentran en este, se funden y después, desde el corazón, siguen circulando por el conjunto del cuerpo para alimentarlo y curarlo».[26]

La disponibilidad intuitiva

Llegados al término de nuestro ritual de preparación, todo nuestro ser debe encontrarse en un estado de disponibilidad máximo, de tal manera que la intuición encuentre en nosotros un terreno muy fértil para su expresión. Ahora estamos listos, tanto física como mentalmente, para pasar a un «modo de funcionamiento intuitivo».

Un pequeño «truco» consiste en unir los dedos pulgar e índice de cada mano, con las palmas hacia arriba, cuando alcanzamos precisamente ese estado. En adelante, en nuestras meditaciones bastará con que repitamos esta posición para

---

26. Judee Gee, *Comment développer votre intuition,* Éditions Dangles, col. «Initiation», 1995.

acceder en un breve espacio de tiempo a nuestro «modo de funcionamiento intuitivo».

La programación
Toda práctica meditativa tiene un auténtico interés si es regular. Por ello, lo ideal es dedicarse a meditar todos los días. En efecto, es mejor invertir un mínimo de tiempo cada día, unos 20 minutos, a la meditación que un tiempo más largo pero sólo semanal. Se ha demostrado que la intuición se expresa más plenamente si se estimula con mayor regularidad, puesto que la repetición de los parámetros espacio-tiempo ayuda ampliamente al establecimiento del proceso intuitivo.

Cuando se adquieren los parámetros básicos, meditar es muy simple: sólo es necesario sentarse o tumbarse, tranquilizarse y respirar profundamente, y después sumergirse en uno mismo. La meditación nos lleva de forma natural a estar más presentes, a ser más claros con nosotros mismos, a estar más disponibles en nuestra escucha: nuestro ser es el que, después de mucho tiempo encerrado y bloqueado, se abre a la vida y a todos los fluidos energéticos, a todos sus impulsos, reavivando en nosotros las funciones y sensaciones que creíamos inalcanzables o perdidas para siempre.

Obviamente, se trata de un trabajo personal: en este campo, como en muchos otros, no lograremos nada sin autodisciplina. Apliquemos un consejo: no debemos dejar la meditación para «un poco más tarde», sino que, por el contrario, debemos convertirla en una cita ineludible e imperativa en nuestra agenda. Muy pronto dejará de ser difícil entrar en estado intuitivo y la disciplina un poco apremiante del principio no tardará en convertirse en una auténtica disciplina de vida, indispensable para nuestro equilibrio interior.

En cuanto a las meditaciones que podemos practicar, seremos claros: cada persona deberá encontrar la que más le convenga, en función de su vida y de su implicación en la práctica de la meditación.

En realidad, existe un número incalculable de meditaciones diferentes, y, además, cada uno de nosotros puede inventar las suyas en función de sus gustos y necesidades. Asimismo, podemos consultar algunas obras especializadas que muestran un gran número de «trabajos de meditación» y experimentar con los que nos parezcan más apropiados para nuestras necesidades.[27]

De todas formas, respecto a la práctica propiamente dicha observaremos dos opciones principales:

— la meditación activa, que consiste en desconectar el cuerpo de la mente, liberando esta última de todo lo que le molestaba hasta entonces. Mientras el físico se ocupa de sus obligaciones del momento, la mente se centra de nuevo y se concentra poco a poco en la única actividad libre de todo pensamiento (respirar, andar...).

Esta distancia con lo diario libera la mente, que recupera entonces la tranquilidad y la paz interior. Al mismo tiempo, seguimos siendo plenamente conscientes de los actos realizados y podemos seguir, en el plano físico, una actividad «exterior» que no necesita la intervención de la mente. Esta forma de meditación es relativamente poco usual, ya que exige un cierto dominio para disociar lo físico de lo mental, abriendo la mente a una receptividad máxima;

— la meditación pasiva, que es la más conocida y practicada habitualmente. Consiste, simplemente, en asociar cuerpo y mente deteniendo toda actividad para llegar a nuestro ser profundo. En otras palabras, durante la meditación pasiva se detiene toda acción física y se establece un estado de «no pensamiento», que tiene como efecto multiplicar la disponibilidad y la receptividad, para de este modo acoger mejor la intuición.

En todos los casos, utilicemos el método que utilicemos, la entrada en meditación adquiere, en general, una forma idéntica.

---

27. Recomendamos, especialmente, la «meditación del silencio mental», la «meditación del árbol», la «meditación de la casa», la «meditación de la chacras», la «meditación de los colores», la «meditación de las fronteras personales», la «meditación de la aceptación del perdón», la «meditación de la bola rosa» y la «meditación de la canción del corazón» de Judee Gee.

A saber: cerrar los ojos, un lento descenso hacia nosotros mismos, acompasados por una respiración cada vez más interior, siguiendo el paso del aire por el cuerpo, y el «rechazo» de todo lo que es negativo o que bloquea, un alejamiento progresivo de los ruidos exteriores y, pronto, un espaciamiento de las ideas que atraviesan la mente sin que les prestemos atención, hasta que son cada vez más escasas, después el vacío que se aproxima, sin pensar en nada, sin hacer nada, sin querer. Entonces empiezan a aparecer las imágenes, las sensaciones independientes de la voluntad, que ya no llegan de fuera, sino del interior, aureolas de una luz y una importancia muy particulares. ¡Bienvenidos a nuestro universo más íntimo, donde nacen todas las intuiciones!

La práctica regular de la meditación, independientemente del tipo que sea, conduce muy rápidamente a resultados concluyentes en términos de desarrollo, de toma de conciencia, de escucha y de despertar, parámetros que abren el camino a una expresión plena y total de la intuición más desenfrenada.

La visualización, primer umbral de anticipación

Con la relajación y la meditación, hemos visto cómo puede estimularse y desarrollarse la intuición gracias a técnicas muy simples, que ponen en marcha, principalmente, el cuerpo y separan del flujo de pensamientos diarios. Esto es así porque el primer objetivo que perseguimos consiste en marcar un tiempo de parada en nuestra trayectoria formada por costumbres con el fin de desencadenar un retorno hacia nosotros mismos muy regenerador. La preparación de un terreno propicio para la eclosión de la intuición, liberado de cualquier otra expresión, es, en general, el objetivo que se alcanza después de pocas sesiones.

Con la visualización, accedemos a otro nivel en el desarrollo de nuestras facultades intuitivas. Mientras que en las dos aproximaciones precedentes éramos más bien «pasivos», aunque regresábamos voluntariamente al centro de nosotros mismos,

114

esperando la emergencia de la intuición, ahora, al «visualizar» a esta última, intervendremos de una forma mucho más directa sobre ella.

Debemos recordar muy brevemente que la visualización es una técnica que consiste en imaginar una situación futura en la forma en que deseamos que se produzca. En otras palabras, se trata de imaginar el curso o el resultado de una situación, con el fin de prepararnos mentalmente para vivirla de la forma más cómoda posible.

La visualización es muy conocida por todos los que se enfrentan a retos importantes y tienen que prepararse mentalmente para ello: los deportistas antes de una competición (el ejemplo más conocido es el del esquiador que anticipa el descenso que realizará), los estudiantes antes de un examen, los profesionales de todos los ámbitos antes de una reunión importante, los artistas antes del estreno de un espectáculo, etc.

También podemos citar muchos ejemplos de técnicas de desarrollo personal o de iniciaciones espirituales que desde hace mucho tiempo utilizan la visualización como herramienta de despertar y de progresión.

En nuestra vida diaria, en el transcurso de nuestras actividades cotidianas, no es extraño que recurramos a la visualización sin ni siquiera darnos cuenta: el solo hecho de imaginar con antelación lo que sucederá, sea cual sea el tema afectado, es visualizar.

Pero visualizar no es únicamente imaginar, es también, y sobre todo, prever las circunstancias y una salida positiva al objeto de nuestros pensamientos. En una palabra, visualizar consiste en programar positivamente nuestro cerebro, de manera que se impriman en nosotros los aspectos más positivos de una situación antes incluso de que hayamos empezado a vivirla.

Veamos ahora cómo se perfila el uso que podremos hacer de la visualización en el campo que nos interesa ahora, el de la intuición. En efecto, si la visualización aporta a determinados enfermos la posibilidad de contribuir activamente a su propia curación, si permite a los profesionales anticiparse al curso de sus asuntos, ¿por qué no podría estimular, provocar, desarrollar útilmente nuestra intuición? En efecto, ese es el efecto que conseguiremos, por poco que la utilicemos según un protocolo preciso.

Recordemos que, en la mayoría de los casos, la intuición se produce en un contexto preciso, como respuesta u orientación a un tema, a una problemática que ocupa nuestra mente. Por tanto, la visualización nos permitirá influir, no en el contenido de la intuición, ya que, para evitar toda desviación, es esencial permanecer objetivo, sino en su «llegada», en su aparición en nuestra conciencia, en el momento en que tengamos más necesidad de ella, para progresar en nuestra trayectoria diaria.

De ahí se deduce, una vez más, que en nosotros se encuentra la mayor parte de las respuestas a las preguntas que ocupan nuestra mente. Al realizar la tarea de volver a la fuente, nuestra preparación mental, en forma de relajación, de meditación, de visualización, deja emerger la intuición, que es sólo la expresión de nuestra sabiduría interior más pura y auténtica.

Una vez más, es preciso ponerse de acuerdo sobre la naturaleza exacta de esta *autoprogramación* mental. Es esencial despojar a la palabra *programación* de toda connotación negativa, porque, de hecho, no se trata de dominar totalmente la intuición, sino más bien de estimular activamente su surgimiento desde nuestro ser profundo hasta la superficie de nuestra conciencia, con el fin de beneficiarnos lo máximo posible de su enseñanza.

De nuevo se trata de una cuestión de matices, de ínfimas sutilezas y de infinitas precauciones. La visualización, comparada con los hechos, los estudios y otros análisis de especialistas, resulta ser un instrumento de apertura y despertar, un factor de anticipación que puede permitirnos construir de otra forma nuestro futuro, que, en cierto modo, puede convertirnos, siempre respetando los límites de una necesaria humildad, en visionarios de nuestra propia trayectoria.

Pero cuidado, la utilización de la imaginación para anticipar una situación futura no debe provocar una confusión entre imágenes reales de la imaginación y la intuición propiamente dicha, que, esencialmente, como hemos visto, no está relacionada con lo mental. La visualización tiene por objeto liberar el imaginario, y a través de ello favorecer nuestra disponibilidad interior, nuestra entrada en ese estado alfa evocado previamente, que nos permita acceder a un nivel interior diferente, a un estado de conciencia modificado que no es otro que nuestro modo de funcionamiento intuitivo personal.

Ejercicios básicos

Desde el punto de vista práctico, tanto para la visualización como para la relajación y la meditación, existe un determinado número de enfoques distintos y una multitud de ejercicios que tienen como objetivo la puesta en marcha de la visualización. En consecuencia, dedicaremos un tiempo a explorar personalmente los métodos de unos y otros, hasta encontrar el que más nos convenga, el que mejor responda a lo que esperamos y a nuestras necesidades. Con todo, si nada de lo existente nos parece adecuado, en última instancia podremos crear un método de visualización propio.

La primera etapa en el establecimiento de una visualización coherente consiste en entrar en relajación, en separar conscientemente todas las tensiones corporales que pueden trabar nuestro camino. Es también la forma de aplazar de inmediato todos los pensamientos que no cumplen ninguna función en este momento y nos nublan la mente. Por tanto, para desencadenar correctamente el proceso de visualización es necesario tener el cuerpo relajado y la mente libre.

Una vez llegados a esta configuración tan particular que es el estado alfa, la segunda etapa consiste en imaginar que iniciamos un tipo muy particular de *viaje*, que nos conduce a un lugar privilegiado, escogido por nosotros mismos y que puede ser un lugar imaginario, lleno de beneficios energéticos y mágicos, o, simplemente, nuestro templo interior, un lugar de nuestra fuente esencial evocado durante las meditaciones.

Después de alcanzar ese espacio íntimo y secreto, donde todo es evidencia y pureza, llegamos a la tercera etapa en el establecimiento de la visualización. Consiste en pedir, clara y abiertamente, una respuesta, una iluminación, en relación con la situación o el problema que nos preocupa, sin presuponer en ningún momento la naturaleza de la respuesta.

La etapa siguiente, cuando estamos totalmente receptivos en ese estado alfa, no es otra que la aparición de la respuesta. Esta puede tomar diferentes formas, desde una o más imágenes, hasta sensaciones variadas, o, incluso, distintas percepciones relacionadas con nuestros cinco sentidos (olores, sonidos...).

Sea cual sea la forma de la respuesta, es necesario que la mente no intervenga para interpretarla, juzgarla o darle algún sentido racional (esto se producirá posteriormente). Por el momento, es suficiente con adquirir plena conciencia de lo que acaba de surgir de nuestro ser profundo y recrear y conservar —archivar— valiosamente la visualización.

A continuación, llega el momento del regreso: realizamos el camino que nos ha conducido al corazón de nuestro templo interior en sentido inverso, hasta salir del estado alfa y regresar a la realidad total, aquí y ahora.

Al recuperar la conciencia total, es esencial que demos las gracias de forma explícita a nuestro ser íntimo por su valiosa ayuda, mostrando así que nuestra mente es consciente de esa presencia inmanente escondida en lo más profundo de nosotros mismos. Esta simple operación, que nos ocupará sólo un instante, resulta ser fundamental para nuestra trayectoria posterior, porque notifica y avala nuestra dualidad interna-externa.

Por último, para rizar el rizo de nuestra visualización, podemos anotar con precisión y cuidado el contenido de lo que se nos ha aparecido como respuesta a nuestra pregunta, teniendo en cuenta que incluso el detalle más pequeño puede ser significativo y tener su importancia.

Posteriormente, consultaremos varias veces esas anotaciones, que, al haber entrado en el camino de nuestra conciencia, nos orientarán de la forma más natural del mundo en nuestro comportamiento y nuestras actitudes, en perfecto acuerdo con nuestro ser más profundo, confiriendo a la intuición, una vez más, una función fundamental en nuestra búsqueda del verdadero equilibrio y la armonía.

El sueño, segundo umbral de anticipación

La estimulación y el desarrollo pueden ser objeto de prácticas y técnicas que hasta ahora nos eran desconocidas, pero también pueden integrarse perfectamente en algunas de nuestras actividades diarias más corrientes. Esto es lo que sucede con el sueño, con nuestros sueños.

En efecto, a menudo olvidamos mencionar el sueño cuando hablamos de los momentos importantes y las principales ocupaciones de nuestra vida. Sin embargo, dormimos, de media, un tercio de nuestra vida, aproximadamente, ¡lo que es bastante considerable!

Aunque en el sueño pueda verse sólo una actividad de recuperación, destinada a regenerar nuestras energías y borrar un poco el cansancio de nuestro cuerpo, en realidad todos los especialistas reconocen en la actualidad que el sueño es mucho más que eso. El sueño representa una parte escondida de nuestra existencia, que, lejos de ser secundaria, es totalmente complementaria al estado de vigilia. Los estudios más recientes demuestran claramente que para vivir bien es preciso empezar por dormir bien... y que para dar un sentido pleno al sueño es necesario soñar.

Las reglas para dormir bien son simples: desde luego debemos acostarnos cuando aparecen los signos anunciadores del sueño (bostezos, pesadez de cabeza, ojos llorosos...) y, naturalmente, despertarnos cuando ya no tenemos sueño. Recordemos que es nuestro cerebro el que nos duerme y nos despierta en función de las necesidades de nuestro organismo, de ese reloj interno que alterna los tiempos de vigilia y de sueño durante toda nuestra vida (una vez más, todo se decide en lo más profundo de nuestro ser).

Otra idea preconcebida que debe erradicarse es la de que el sueño está reservado para la noche. Es preferible que, siempre que podamos, durmamos cada vez que tengamos sueño, aunque sea varias veces al día. Esto quizá choque con nuestras concepciones sociales o intelectuales, pero nuestro cerebro sabe lo que necesitamos. Una pausa de algunos minutos, tanto si se trata de un breve descanso como de una verdadera siesta, puede bastar para aliviar las tensiones de cualquier tipo que contaminan nuestro cuerpo y nuestra mente y permitirnos salir a buscar un nuevo espacio de tiempo de alto rendimiento energético. El simple hecho de «desenchufar», de interrumpir momentáneamente el ciclo de vigilia, nos centra de nuevo en nuestro ser profundo y detiene nuestra energía. Al despertar nos sentimos más relajados y estimulados para iniciar un nuevo tramo de nuestra vida.

Pero antes de llegar hasta aquí es preciso que atravesemos «etapas de sueño», que son los ciclos que ocupan nuestros periodos de descanso. En efecto, nuestro sueño está constituido por ciclos, cada uno de los cuales puede durar de 90 a 120 minutos, según cada persona. Por tanto, nuestras noches están formadas por una sucesión de un número variable de ciclos, siempre en función de cada persona. En realidad, cada ciclo está construido sobre el mismo esquema e incluye varias fases: adormecimiento (producción de ondas alfa), sueño ligero (ondas teta), sueño profundo (ondas delta), sueño muy profundo (ondas delta), sueño paradójico y sueño.

Tal y como hemos visto anteriormente al abordar el estado alfa, cada fase produce frecuencias vibratorias diferentes en nuestro cerebro y nos predispone a vivir momentos de distinta intensidad. La fase que nos interesa ahora es la del sueño paradójico,[28] durante el cual se producen los sueños.

Este periodo, que vuelve al final de cada ciclo, ocupa, en realidad, menos de un cuarto de este y, por consiguiente, de nuestro tiempo total de sueño, pero, por un efecto de proporción invertida, es, sin duda, el periodo más productivo en el campo que nos interesa ahora, es decir, el del desarrollo de la intuición. Porque, de nuevo, los más recientes descubrimientos ponen

---

28. «El descubrimiento de fases de gran actividad cerebral durante periodos en principio dedicados al sueño fue, obviamente, muy sorprendente, porque, si nuestro cerebro está despierto (incluso muy despierto) durante esas tareas de sueño, paradójicamente, nuestro cuerpo está más profundamente dormido que durante el sueño muy profundo: de ahí el nombre de *sueño paradójico*», Pierre Fluchaire, *La Révolution du rêve,* Dunod, 1985.

seriamente en duda nuestras antiguas creencias, tal y como resume perfectamente Claude Darche:

«Durante ese tiempo de sueño paradójico, nuestros sentidos, que se comportan como antenas y captadores que nos conectan con nuestro entorno y nos aportan informaciones, están casi desconectados, lo que nos permite, completamente centrados en nosotros mismos, estar a la escucha y liberar nuestra intuición, que se revela muy potente en esta parte del sueño.

«Nuestro cuerpo está paralizado, salvo las extremidades de las manos, los pies y la cara. En estado de sueño paradójico o de sueño, el descanso físico es total y nuestro propio cerebro nos inocula una sustancia muy potente que bloquea los mandos motores y nos inmoviliza. En el caso contrario, viviríamos físicamente nuestros sueños.

«(...) La temperatura del cerebro al principio de cada parte del sueño paradójico sube por encima de la temperatura del estado de vigilia. Este calor del cerebro humano soñando implica un elevado índice de metabolismo cerebral, lo que es esencial para la vivacidad de la mente y la inteligencia.

«Todo ello demuestra que el sueño no es en absoluto un estado de hipoactividad del cerebro; se trata, por el contrario, ¡de un estado de vida cerebral y física intensa!».[29]

Para captar plenamente la auténtica dimensión del sueño en nuestra vida, podemos consultar los trabajos de Pierre Fluchaire,[30] auténtico pionero en este campo de investigación y eminente especialista del sueño. Pero para lo que nos afecta ahora, nos limitaremos a esa parte no despreciable del sueño que sucede en cada uno de nuestros ciclos de sueño.

Cuando le prestamos más atención de lo habitual, cuando dedicamos tiempo a interesarnos por el sueño y estudiarlo, este se revela como algo más que una simple serie de imágenes que se imprimen en la pantalla de nuestra conciencia dormida. Repre-

---

29. Claude Darche, *op. cit.*

30. Pierre Fluchaire, *Le Sommeil naturel,* Le Courrier du livre, 1988, y *Renaître au sommeil naturel,* Dangles, 1989.

senta algo mucho mejor, una puerta que se abre de repente, un camino de iniciación total, que nos lleva al origen de nuestro ser y, en consecuencia, de nuestra intuición.

Uno de los autores que han hablado del tema con mayor perspicacia y sabiduría, percibiendo la auténtica dimensión del sueño, ha sido, sin duda, el psiquiatra y psicólogo suizo Carl Gustav Jung:

«El sueño es una puerta estrecha, disimulada en lo que el alma tiene de más oscuro y más íntimo; se abre a esa noche original y cósmica que conformaba el alma mucho antes de la existencia de la conciencia del yo y que la perpetuará mucho más allá de lo que una conciencia individual pueda hacerlo jamás... Por el sueño, penetramos en el ser humano más profundo, más auténtico, más general, más duradero, que se sumerge todavía en el claroscuro de la noche original, en la que era un todo y el Todo estaba en él, en el seno de la naturaleza indiferenciada e impersonalizada... Nunca he podido, a pesar de todo el escepticismo y las críticas que se agitaban en mí, resolverme a ver en los sueños sólo una cantidad despreciable. Cuando nos parecen sin sentido es porque carecemos de sentido, privados, según todas las apariencias, de esa finura mental necesaria para descifrar los enigmáticos mensajes de nuestro ser nocturno. Nadie duda de la importancia de la vida consciente y de las experiencias, ¿por qué dudar, entonces, del significado de los desarrollos inconscientes? También son nuestra vida; en ellos esta late igual, si no a veces más, que en nuestra existencia diurna...».

Esto es lo mismo que decir que el sueño es, nada menos, que un embudo que guarda los conocimientos, un fabuloso instrumento de saber, de un «saber» tan auténtico, original y sincero, tan cargado de un sentido profundo, que la conciencia tiende a veces a ocultarlo...

Teniendo esto en cuenta entenderemos mejor el papel que juega el sueño en la maduración y la emergencia de la intuición. Mucho más que un simple episodio en cada uno de nuestros ciclos de sueño, aparece como un «desencadenador de intuiciones» total, un auténtico *puente* repentinamente trazado entre nuestro inconsciente «conocedor» (en la sombra) y nuestra conciencia ávida de conocimientos (en la claridad). En este sentido, entra perfectamente en la gama de medios operativos que po-demos utilizar en todo momento par estimular y desarrollar nuestra intuición... y, a través de esta, encontrar la auténtica dimensión de nuestro ser más íntimo, el más secreto. Así pues, podemos afirmar que los sueños pueden revelarnos incluso nuestro ser interior y proporcionarnos informaciones —mensajes— sobre el camino a seguir para asumir y afirmar nuestra propia realización.

Ejercicios básicos

Al final de cada uno de nuestros ciclos de sueño, durante 15 o 20 minutos de sueño paradójico, nos abrimos totalmente a nuestro saber interior: soñamos profundamente, nuestros sueños son altamente simbólicos, muy «significativos», portadores de mensajes que después tendremos que descifrar. Ese corto espacio de tiempo está completamente dedicado a la imaginación, a la inspiración, a la creación, a las ideas sintéticas, a la intuición. Es el momento de las ideas luminosas, de los sorprendentes atajos de la perspicacia, del surgimiento de las certidumbres..., así como de tantas respuestas, de repente evidentes, a las preguntas que nos planteamos.

El sueño es, por consiguiente, una asombrosa fuente de información. Pero no todos los sueños lo son. En efecto, también soñamos durante otras fases de nuestro sueño diario, pero no a ese nivel, no con tal densidad.

Lo primero que hay que recordar es que un sueño que nos aporte información —de hecho, intuiciones— permanece en la memoria. Cuando el contenido es útil, nuestra mente lo imprime, lo guarda, antes de que tomemos conciencia de él más tarde.

Para descifrar correctamente un sueño, es necesario saber, además, que todos los elementos de este nos representan personalmente: cada personaje que aparece en el sueño es una parte de nosotros mismos, iaunque a menudo son varias partes de nosotros mismos las que mantienen en nuestros sueños relaciones bastante elocuentes! También esta es la razón por la que cada uno de nosotros es, en general, la única persona que puede descifrar y entender verdaderamente sus propios sueños.

No obstante, lo que resulta esencial recordar es que podemos dirigirnos a nuestros sueños e influir en su contenido, especialmente en materia de intuición. Es decir, podemos «interrogarnos» sobre nuestro ser más profundo e íntimo a través de nuestros sueños. Para ello basta con que planteemos las preguntas de la forma más simple posible antes de dormirnos. Estas preguntas se convierten entonces en estímulos para nuestra intuición.

Preguntar a nuestros sueños significa entrar en contacto con nuestro inconsciente, que a su vez se comunicará generando los surgimientos intuitivos: «Plantee una pregunta clara y precisa a su inconsciente y, si es necesario, escríbala hasta que le parezca perfectamente formulada. (...) Antes de acostarse, retírese a una habitación tranquila donde nadie le moleste y plantee su pregunta a su inconsciente, dándole las gracias de antemano por la solución que le ofrecerá. Si aprecia alguna resistencia, aunque sea pequeña, al plantear la pregunta, es que la pregunta no es buena. Para que el inconsciente responda a la pregunta, esta debe corresponder a una inversión profunda de su ser. Si prefiere plantear su pregunta mentalmente estando acostado, hágalo. Lo esencial es entrar en comunicación con su inconsciente y establecer un diálogo tan fructuoso como sea posible».[31]

Poco importan los términos de esa pregunta, ¡no se trata de una fórmula ritual! Lo que cuenta es, obviamente, la sinceridad y la autenticidad de la pregunta. Las palabras deben ser simples, claras, positivas, deben expresar una única problemática. No debemos estar en tensión o nerviosos: todo ha de ser muy natural, porque es normal que intentemos sacar el máximo provecho de ese conocimiento intuitivo que se esconde en nosotros mismos.

31. Claude Darche, *op. cit.*

No olvidemos que la intuición está a nuestro servicio. Su función, claramente definida y muchas veces comprobada, consiste en ayudarnos en nuestro caminar diario, para entender mejor cómo funcionamos y la realidad de lo que percibe nuestro ser, tanto en la superficie, como en su profundidad.

No obstante, para «activarlo», el proceso intuitivo necesita que nos impliquemos un mínimo; de ahí que sea tan importante el diálogo establecido con nuestro inconsciente, a través del sueño, diálogo que, por otra parte, puede ser muy fructífero. Este método de «consulta del inconsciente» al que la intuición da una formulación más concreta tiende simplemente a tener más en cuenta la parte escondida de nuestro ser en nuestro caminar de todos los días, al integrarla en adelante y a conciencia en nuestra trayectoria vital. Es el medio ideal para dejar que nuestro ser se exprese plenamente, a la luz del día, y no sólo en las profundidades oscuras de impulsos a menudo incomprendidos.

Una vez puesto en marcha el proceso correctamente antes de dormirnos, ya sólo nos queda esperar que las respuestas aparezcan durante el sueño. Después llegará el momento de recoger esas valiosas informaciones. Para hacerlo, una vez más, no existen reglas precisas, sino determinadas prácticas, entre las cuales debemos escoger la que más nos convenga. Algunas personas escriben un diario de sus sueños; otras colocan una grabadora o una libreta y un lápiz junto a la cama para grabar o escribir sus sueños cuando despiertan en plena noche; y otras hablan de sus sueños con personas de su entorno para captar mejor su sentido.

También podemos, antes de dormirnos, recurrir a una «programación» para recordar los sueños, mediante una formulación directa («Cuando despierte, me acordaré de los sueños más importantes en relación con mi pregunta del momento...»), o bien utilizando un pequeño procedimiento metódico, como beber la mitad de un vaso de agua antes de acostarnos y decirnos que nos acordaremos de los sueños cuando bebamos lo que queda de agua por la mañana.

Asimismo, es muy recomendable que nos despertemos suavemente, que nos tomemos tiempo para salir del sueño, que dejemos que las últimas imágenes de nuestro último sueño remoloneen en nosotros para guardarlas mejor en la mente.

No deberemos preocuparnos si la «subida de la información» —las intuiciones— no se produce sistemáticamente. Nuestro inconsciente no es una máquina que responda cuando se pulsa un botón o al chasquear los dedos; puede que necesitemos repetir varias veces la operación antes de obtener una respuesta claramente inteligible y explotable.

Del mismo modo, el recuerdo de un sueño puede regresar en plena conciencia en otros momentos, entre dos ciclos de sueño, por la mañana al despertar, quizá en algún momento del día, desencadenado por alguna de nuestras actividades diarias, incluso por un simple pensamiento, en el curso de una discusión, al ver una imagen o cruzarnos con un rostro por la calle, etc.

Como conclusión, recordaremos que la mayor parte de los grandes creadores, artistas e inventores de todos los tiempos han encontrado en los sueños su más ferviente inspiración y han alimentado su vida con esos surgimientos intuitivos nacidos de las profundidades de su ser, que, literalmente, han forjado —iluminado— su trayectoria fuera de lo común.

Cuarta parte

EL DESPERTAR HACIA UNA NUEVA CONCIENCIA

Identificar la intuición, determinar su naturaleza, después intentar percibir todos sus matices, antes de interesarnos más detalladamente por su proceso de elaboración, para alcanzar, por último, casi una programación, significa, sin ninguna duda, que la lenta exploración de nuestro mundo interior tiene sus frutos. Después de todas nuestras conquistas exteriores, se nos revela una nueva *era de saber*, en nosotros, tan rica e íntima que a veces apenas podemos creerlo. Obviamente, al penetrar en el universo de la intuición, atravesamos el umbral de otra conciencia: en una especie de iniciación, nos despertamos a impulsos y sensaciones que hasta entonces a duras penas afloraban en nuestra conciencia. Ahora, no sólo sabemos de qué se trata, sino que, además, somos capaces de buscar en ello un conocimiento infinito, de entrar en contacto con nuestro ser más íntimo. Porque de eso se trata, del reequilibrio de nuestra identidad, con ese reconocimiento por fin adquirido de la parte que permanece siempre escondida en nosotros, esa parte púdicamente llamada «inconsciente» y que, no obstante, es portadora de nuestros valores más esenciales y auténticos. Más que un simple despertar de una función hasta entonces dormida, es un auténtico y total despertar. Uno de esos que, sólo dos o tres veces durante nuestra existencia, iluminan nuestra trayectoria con su flagrante evidencia. El despertar a nuestra conciencia profunda, a nuestra lucidez, a la perspicacia de nuestra alma en su papel de guía interior... Es la revelación de un don innato, quizá un poco olvidado al cabo de los años y, no obstante, inmutable en nosotros, siempre listo para resurgir a la mínima demanda, con un simple estímulo. La intuición no es sólo una sensación o una expresión de un saber reencontrado, es también, cada vez que se presenta, cada vez que nos llama con fulgor y viveza, con sus sentidos y múltiples resonancias, un sorprendente viaje de regreso a nuestras raíces. De repente, supera barreras y obstáculos, estrés y prohibiciones, reglas sociales y pensamientos de buen tono: no existen fronteras para la intuición, que va al fondo de las cosas, justamente porque es portadora de lo esencial y, por consiguiente, es generadora de lo esencial.

Rizar el rizo: ¡retorno a la casilla de salida! A «nuestra» casilla de salida, la de nuestros orígenes, allí donde todo empezó y donde todo sigue decidiéndose, sean cuales sean nuestra edad o nuestras ocupaciones, nuestra raza o nuestra lengua, bajo las apariencias, detrás de las formas, más allá del mundo material, de sus creencias y de sus tradiciones, en el calor de nuestro ser verdadero, allí donde se define la dimensión real de nuestra propia *vida*.

La intuición nos lleva hacia ese rincón de nuestro ser más secreto, donde cada una de sus intervenciones refuerzan, a su manera, el sólido, aunque a veces desconocido, vínculo con nuestro origen. La intuición estrecha, relaciona, apega; no se contenta con aportar claridad a nuestras decisiones y nuestros actos: ilumina nuestra vida, nos muestra el camino, nos abre la vía. Más allá de las anécdotas o de lo que algunos consideran coincidencias, las pequeñas informaciones de todos los días, los múltiples avisos espontáneos, la intuición nos hace quizá el mayor de los regalos que el ser humano pueda recibir: nos revela que cada uno de nosotros posee todas las repuestas a sus interrogantes, que no son cuestiones a las que no podamos aportar «solos» la respuesta más adecuada.

Al acceder a un nuevo estado de conciencia, la intuición despierta al ser humano y desvela la parte divina que existe en él. Educa a la persona, tanto en el espacio como en el conocimiento, para que acceda a la madurez generadora de todas las serenidades.

Capítulo 9
Utilizar nuestra intuición

El hombre o la mujer, con la revelación de la función, de la importancia, de la presencia latente de la intuición, por su posible desarrollo a voluntad, por esa cantidad de pequeñas y grandes aportaciones que enriquecen sus trayectorias vitales, se descubren inevitablemente diferentes. A partir de ese momento, observan su entorno con otra mirada.

Nadie puede pretender que este hombre y esta mujer no vivían previamente sin ese conocimiento agudizado de la intuición; sin embargo, debemos reconocer que ahora se vuelven posibles muchas cosas que se consideraban inalcanzables. Al establecer abiertamente ese vínculo, invisible pero real, entre nuestra conciencia y nuestro mundo interior más secreto, la intuición no sólo nos conecta con nosotros mismos, con nuestra profunda sabiduría, sino que, además, aleja los límites de nuestra afirmación social.

En efecto, a partir del momento en que dominamos todas las partes de nosotros mismos, en que ninguna reflexión profunda ni ninguna elección resultan ya inaccesibles, también cambia nuestra percepción global e íntima de la sociedad. Otra mirada genera, forzosamente, una visión diferente de los demás y, más ampliamente, de todo lo que nos rodea: descubrirnos diferentes conlleva ver el mundo de forma distinta. Porque ahora que «sabemos», será necesario vivir nuestra intuición diariamente.

De hecho, ahora todo dependerá de la forma en que utilicemos la intuición, cuyo inmenso poder acabamos de descubrir. De repente, nos vemos provistos de un fabuloso instrumento

131

cuyo alcance real estábamos muy lejos de sospechar. Pero se impone una evidencia: antes incluso de pasar a la acción, está claro que nuestro desarrollo personal, tanto intelectual como espiritual, encontrará en esa nueva baza una aportación considerable, el apoyo ideal a todas las proyecciones, pero también una valiosa barrera para cualquier desviación.

Para empezar, debemos precisar que sería un gran error pensar que la intuición puede investirnos de repente con una especie de infalibilidad en todos los ámbitos de nuestra vida. En este aspecto, como en todo, es necesario que seamos razonables, porque existen límites, seguramente implícitos, que no desaparecen nunca.

Para revalorizar nuestra trayectoria vital, mejorar nuestras elecciones, optimizar las informaciones de las que disponemos o que vehiculamos, armonizar nuestras relaciones profesionales, dominar nuestra posición social, reforzar los vínculos con nuestro entorno..., para todo ello la intuición se convierte, ciertamente, en uno de los mejores instrumentos de equilibrio y autenticidad de los que disponemos, y, además, es individual y permanente.

Convertirnos en dueños de nuestro día a día

La aportación de una intuición conscientemente desarrollada resultará considerable en nuestro día a día en términos de corrección, de eficacia, de calidad. Porque debemos admitir, de una vez por todas, que nuestra vida, a partir de ahora, ya no será la misma.

Al conectarnos con nuestro ser más íntimo, al penetrar en nuestro templo interior, la intuición ha puesto en marcha un proceso de evolución que nada podrá detener, a menos que decidamos voluntariamente estancarnos, ¡incluso retroceder!

Nos encontramos ahora más allá del instinto —no debe confundirse en absoluto con la intuición—, que a veces puede guiar nuestras decisiones o nuestros actos. Se trata de la evolución de nuestra alma, de un determinado caminar iniciático, que no tiene ningún vínculo con ninguna religión, salvo por la creencia de que todo hombre es dueño de su destino.

Convertirnos en dueños de nuestro día a día, incluso con la ayuda de la intuición, no es un asunto nimio. Exige, en primer lugar, que aceptemos el augurio, que no nos refugiemos más detrás de las reglas y las leyes de los demás, ni realicemos la transferencia, muy práctica, de nuestras carencias e incapacidades a nuestros semejantes o al «sistema», sino que nos remitamos a nosotros mismos para juzgar y decidir lo que es bueno para nosotros.

Llegar al final de esta armonía del alma que muestra la intuición, que hace surgir a la superficie de nuestra conciencia, es, en efecto, reconocerle una función de primer orden en nuestra trayectoria vital, día tras día, al hilo de esas sucesivas elecciones, generadoras de vida, que tejen nuestro camino.

Dar un nuevo sentido global a nuestra existencia

En este mundo que va deprisa, a menudo demasiado deprisa como para que podamos verdaderamente asimilar todos sus componentes, es fundamental centrar de nuevo nuestra energía en una visión global de nuestra trayectoria. Sólo a ese precio podremos tener una perspectiva realista de nuestro futuro.

Algunos quizá se sorprenderán de que hablemos de «dar un sentido a nuestra existencia», ya que esto parece deducirse del mero hecho de estar aquí, de vivir hoy en día en determinado contexto social y no en otro, de tener tal trabajo y de desarrollar actividades específicas. Todo ello puede definir su «sentido». Ciertamente, nadie puede negar que *el sentido está en la vida*, pero cada uno es libre de escoger su vida, de perseguir su propio desarrollo personal o de contentarse con vivir el día a día sin evolucionar realmente, sin aprovechar con plenitud las capacidades que le son innatas.

Para dar un nuevo sentido a nuestra existencia, primero es preciso que lo encontremos. Para ello, basta con escuchar: escuchar nuestra alma, escuchar nuestro cuerpo, escuchar nuestros impulsos y sensaciones. En cada instante de la vida, en todos los ámbitos y contextos que componen nuestra existencia, es preciso observar hasta qué punto estamos o no en consonancia con lo que vivimos, con lo que hacemos. Cuanto mayor sea la consonancia vibratoria —el acuerdo íntimo, la plenitud del instante, la armonía esencial— entre nosotros mismos y lo que hacemos, más estaremos, según nuestro «sentido», de acuerdo con nuestra identidad profunda.

La intuición tiene ahora, en esta reorganización de nuestra vida, un papel protagonista. Ya no es lejana y esporádica, inexplicable y móvil, sino que está detrás de cada una de nuestras decisiones y actos, cómplice y omnipresente, como una parte de nosotros mismos por fin revelada, como un poder oculto que nos ha enriquecido de repente.

Definir prioridades

Una vez recuperado el sentido, sea el que sea, es necesario continuar, seguir adelante, proseguir nuestro camino, pero ahora, con la intuición de nuestro lado, más cerca que nunca, obviamente nada será como antes.

Sentirnos tambaleados por los acontecimientos, flotar en las incertidumbres, vacilar, dudar, no tener confianza en nosotros mismos... deberán ser, a partir de ahora, tristes recuerdos. Ahora todo debe ser más claro, límpido, evidente. También deberemos definir nuestras prioridades, pero sólo las que sean dignas de recibir ese nombre.

Indudablemente, todo el mundo puede perderse en opciones secundarias a largo plazo, vacilar indefinidamente en sus elecciones o tomar múltiples caminos antes de llegar al objetivo fijado, aunque es lícito dudar de que esta forma de funcionar sea verdaderamente próspera (salvo para una mente voluntariamente tortuosa).

El tiempo y su gestión son para muchos de nosotros uno de los principales problemas de este inicio de siglo. Por consiguiente, nos interesará mucho definir claramente objetivos precisos, en lo referente tanto a contenidos como a periodos concretos de rea-

134

lización. Una vez más, la intuición nos será de gran ayuda en este trabajo de reestructuración, porque nos llevará a realizar de forma intuitiva las mejores elecciones y a apartar todo lo que molesta en nuestra vida y afecta peligrosamente a nuestra energía.

A tal efecto, podemos fijarnos regularmente una cita con nosotros mismos, durante un tiempo determinado, en un lugar tranquilo donde nadie nos moleste, con el fin de hacer balance —en cierto modo «recapitular»—, de examinar la situación del momento y comprobar, con el apoyo de la intuición, que todavía tenemos presente el eje de las prioridades definidas previamente. En caso contrario, bastará con rectificar el «tiro» para apuntar hacia objetivos más saludables, que permitan la plena realización personal.

Otorgarnos los medios para la realización personal

Con esta «redistribución» de las funcionalidades y prioridades de nuestra existencia, tratamos, a fin de cuentas, de optimizar las capacidades que nos ha revelado la intuición, yendo más allá de los detalles de nuestro funcionamiento en el día a día. Los medios de que disponemos para alcanzar este objetivo se resumen en capacidad y voluntad de avanzar, tanto en el examen de lo que era nuestra vida hasta el momento, como en el uso de la intuición para afrontar, de la forma más provechosa posible, las pruebas de la vida.

Seamos claros: esto simplemente significa que no son los demás, el sistema o determinadas reglas de funcionamiento en comunidad quienes nos autorizan a vivir, a existir, a «ser» de una determinada manera. Contrariamente a lo que podíamos creer antes, todo descansa sobre nosotros mismos: se trata de *nuestra* trayectoria y son *nuestras* elecciones, *nuestras* decisiones.

Actuar no depende de los demás, sino de nosotros mismos. Cumplir, realizarse, no necesitan el aval de ninguna autoridad: ¡es un asunto entre nosotros y nosotros!

Sin duda, la inteligencia más elemental nos hace respetar las reglas de la sociedad en la que vivimos —donde se encuentran nuestras raíces étnicas y perduran nuestros esquemas sociológicos directores—, y esto es lo mínimo necesario para poder «funcionar» con los demás con total fraternidad, pero aquí se detiene nuestra tarea. Por lo demás, al igual que puede formularse cualquier pregunta, por esa fascinante conexión con su ser interno que realiza la intuición, cada ser humano posee en sí —aquí y ahora, porque sólo el presente es una *vía de realización*— todas las respuestas, desde la más pequeña hasta la más compleja.

Autorizarnos a tener éxito

Utilizar nuestra intuición diariamente significa, en primer lugar, encontrarnos de nuevo con nosotros mismos y, a partir de ahí, admitirla como nuestro guía interior. Desde ese momento, crear, decidir, concebir, realizar no serán más que funciones transformadoras de nuestras riquezas más íntimas, de nuestra esencia más auténtica y pura.

Mejor dicho: ninguna pregunta tendrá ya verdaderamente sentido, en la medida en que bastará con que dejemos que hable nuestro interior, a través de la intuición, y nos dicte el mejor camino para nuestra existencia diaria, para reaccionar ante el mundo que nos rodea, para crecer y florecer, para disfrutar de la vida, de cada instante...

Más allá de las palabras y los conceptos tortuosos de un día a día engañoso, la intuición nos ofrece como premio la más sorprendente revelación: contrariamente a las apariencias de una materialidad que nos ahoga en muchos aspectos, ya no existen límites para la expresión, la grandeza y la realización del ser profundamente luminoso que existe en cada uno de nosotros.

⬛ En todo momento y en todos los ámbitos

Lo que la intuición nos aporta es libertad. La libertad de ser, de existir en plena conciencia con nuestros medios, la libertad de dejar que se expresen nuestros impulsos y sensaciones más profundos, la libertad de crear, de innovar, de construir.

En este sentido, la intuición afecta a todos los ámbitos de nuestra vida. Está implicada en todas nuestras elecciones, por pequeñas que sean, en nuestras decisiones, en nuestras relaciones familiares, con nuestro entorno, con la comunidad en la que vivimos. La intuición presente en nosotros siempre está aquí, día tras día, en nuestra vida, bajo la fina capa de la apariencia.

Nuestra intuición es también, no debe olvidarse, lo que nos diferencia de los demás. En este sentido, es la marca de nuestra identidad, cuya especificidad afirma.

Generalmente, se evoca para hablar, en especial, de artistas de todo tipo, pintores, poetas, músicos..., que utilizan ese «soplo creador» para trascender su vida con la creación artística. Pero también para referirse a esos otros hombres que viven perpetuamente en la frontera entre lo visible y lo invisible, lo concreto y lo abstracto, como los investigadores, que son considerados así, en general, «gente aparte».

Algo que nos afecta más de cerca: la intuición puede desempeñar un papel relevante en nuestra vida, también en la profesional. En efecto, todo trabajo descansa, evidentemente, en un conjunto de reglas codificadas, en parámetros estables, pero existe también un componente, a menudo no despreciable, de implicación personal, de aportación individual, que depende, en gran medida, de nuestra personalidad y, por tanto, de nuestra intuición.

Unas veces mostramos una espontaneidad diferente respecto a los imprevistos y otras, una disponibilidad distinta; en unas ocasiones, nuestro «sentido» de las responsabilidades no es el habitual, en otras realizamos las mejores elecciones para la empresa, o bien desarrollamos una forma muy personal de gestionar nuestro estrés y así no comunicarlo a los compañeros. En todos los casos, se trata de lo mismo: el lenguaje del ser profundo ante una actividad particular que regresa regularmente día tras día. Esto crea costumbres, establece vínculos, a veces genera tensiones..., pero también puede traducirse en innovación, estímulo, apertura y expresión, que una intuición bien dirigida reforzará.

Después de realizar sus propias pruebas en términos de desarrollo personal, la intuición puede entonces abordar el «desarrollo» profesional.

De lo personal a lo profesional, la intuición siempre en primer lugar

En el marco de la empresa —o de cualquier otra estructura relacionada con la producción de un trabajo—, la intuición tiene muchas aplicaciones: puede servir para encontrar un trabajo más relacionado con nuestra formación o con lo que buscamos, puede ayudar a superar todas las entrevistas de trabajo, permite integrarse en perfecta armonía en el ambiente laboral...

En el puesto de trabajo, la intuición nos envía, inevitablemente, numerosos mensajes sobre la actividad desarrollada, y esto es así porque nuestro ser interno reacciona permanentemente ante lo que realizamos en el mundo material. Así, una persona que escucha su propia intuición puede conocer, en todo momento, el estado de su situación laboral: ¿puede hablarse de equilibrio?, ¿hay tensiones?, ¿existe algún sentimiento de insatisfacción?, ¿de dónde procede esa reticencia por esa parte del trabajo?, etc. La intuición se convierte así en un auténtico tablero de mandos, que no sólo ofrece una clara visión del impacto de las decisiones tomadas, sino que informa también de lo que sería ideal para optimizar la situación.

En términos de creatividad o productividad, algunos estudios han demostrado que desarrollar específicamente la intuición en el *management* empresarial tiene resultados sorprendentes. Hoy en día, en algunos medios profesionales se reconoce abiertamente que la intuición tiene un papel que jugar en el éxito de la empresa: activa y estimula ampliamente los procesos de decisión; optimiza y facilita el análisis de las situaciones; aporta un nuevo eje de aproximación a la estrategia de expansión y los esquemas de organización interna; sobre el terreno, permite fusionar fácilmente las energías en el seno de lo personal; se revela como una valiosa baza en términos de pedagogía y de formación; sin contar con que dinamiza las relaciones entre los trabajadores.

En el mundo, la intuición ha sido, desde siempre, una de las principales bazas utilizadas por los grandes empresarios para crear y desarrollar sus imperios financieros. Actualmente, son incontables los ejemplos de dirigentes *new look* que se encierran para meditar y dejar que su mente encuentre las soluciones a sus problemas, que duermen, no para hacer la siesta, sino para encontrar respuestas a sus dudas. Y lo creamos o no... ¡funciona!

Pero más allá de las anécdotas y los ejemplos, típicos o atípicos, de las nuevas costumbres de los jóvenes lobos del mundo empresarial y de las concepciones renovadoras de los jefes modernos, estamos, sin duda, ante una dinámica innovadora. En efecto, detrás de esos nuevos métodos, lo que hay es un cambio en nuestra relación con el trabajo. Independientemente del nivel de la escala en que estemos, lo que cambia es la visión global de nuestro mundo. Esto se debe, en gran parte, a una forma diferente de mirarnos, con una mejor comprensión de nuestro funcionamiento.

Con el tiempo, caen los antiguos tabúes, desaparecen las viejas definiciones y aparece una realidad mucho más gratificante:

«La empresa, obviamente, promueve desde hace más de un siglo las cualidades de tipo *animus*, como las define Carl Gustav Jung: acción, determinación, estructuración, construcción concreta, dominio de los acontecimientos y problemas. Esas cualidades indican, según Jung, una polaridad masculina que se opone a la polaridad femenina del *anima*: flexibilidad, intuición, receptividad, comunicación profunda, aptitud para dar sentido a una acción... Cada uno de nosotros, hombre o mujer, posee, por tanto, esas dos sensibilidades. Así como los hombres no son menos intuitivos que las mujeres, tampoco las mujeres son menos emprendedoras o eficaces que los hombres, pero la educación quizás ha marcado en unos y otros el desarrollo natural de esta doble polaridad... Cuando es insuflada por un gestor intuitivo, el alma realiza su entrada —no clandestina— en la empresa, y tendrá todas las oportunidades de acceder rápidamente a un registro de eficacia superior. Porque se trata, efectivamente, de eso: esa otra mirada sobre las cosas podría devolver al hombre a su verdadero lugar para que la sociedad evolucionara hacia una eficacia y una madurez más elevadas.

»Por el momento, nadie distingue claramente a los directivos intuitivos, como tampoco se identifica una constelación mientras no se localiza su forma en el cielo. Y después, de repente, aparece la red. Se percibe que algunas estrellas brillan más que otras y están como conectadas entre sí, y la imagen se vuelve evidente. No se ha movido nada, las estrellas siguen estando ahí, en su sitio desde hace tiempo, formando una constelación todavía sin nombre; lo que ha cambiado es nuestra mirada. La empresa verá emerger un directivo más intuitivo que marcará un retorno al humanismo».[32]

Lo que subraya esta cita es, nada menos, que el cambio de mentalidad, sin grandes ruidos ni efectos espectaculares, pero, a pesar de ello, con los hechos ahí. Cada vez más se anima a los dirigentes, si no ya a funcionar según su intuición, sí al menos a que le dejen un lugar consecuente a la hora de tomar decisiones. Bajo la bandera de la productividad, se estimulan las facultades más íntimas del personal... en lo que debe llamarse, aunque parezca paradójico en esos tiempos, un retorno al ser interno y a su sensibilidad más profunda.

Si hablamos de la crisis industrial y social de este principio de siglo, que afecta de forma distinta a la mayor parte de países de nuestro planeta, no podemos dejar de subrayar la diferencia que parece existir entre la función del trabajo y sus objetivos, entre los que piensan y los que actúan. Podemos así prever que la solución a todos nuestros problemas se encuentre quizá en un reequilibrio, en una auténtica armonización de los flujos de energía de distintos orígenes. Quizá para ello pueda servir, a principios de este siglo XXI, la emergencia de un nuevo ser, que regrese a la esencia de sí mismo, a los valores humanos más fundamentales, gracias a la intuición reencontrada y revalorada, en lo que deberá considerarse un día como el despertar espiritual a otra vida interior.

32. Meryem Le Saget, *Le Manager intuitif: une nouvelle force,* Dunod, 1992.

Capítulo 10
El despertar a la vida interior

Lo que de entrada parecía sólo una simple curiosidad, agudizada por algunas experiencias intuitivas personales, se revela ahora, como una aventura total. Una aventura con sus interrogantes y sus sorpresas, con la expectación e impaciencia propias de todo descubrimiento inminente, las pulsiones, el fervor comunicativo de lanzarse por caminos desconocidos, aunque con la sensación inenarrable de estar en el buen camino, y, sobre todo, la impresión perturbadora, sin igual, que se instala en nuestro fuero interno cuando nos damos cuenta de que somos nosotros quienes nos descubrimos un poco más a cada instante.

Porque si hay una verdad sobre la intuición, es la que hace referencia a su razón de ser, su función, su legitimidad: la intuición existe sólo para reconciliarnos con nosotros mismos, para «reconectarnos», día tras día, con una paciencia insistente, con el «núcleo energético» del que procede nuestra vida y donde todo se decide.

Obviamente, el descubrimiento es demasiado importante, la revelación está demasiado cargada de sentido como para que volvamos incólume de ese *viaje al centro de nosotros mismos*.

Un reencuentro con nosotros mismos eminentemente «espiritual»

En efecto, todo lleva a pensar que la aceptación de la intuición como uno de los datos fundamentales de nuestro ser, y su

141

desarrollo razonado, su puesta en marcha programada, son aspectos propios de la iniciación. Pero de una iniciación forzosamente espiritual, ya que trata de la elevación de nuestra conciencia, de nuestra mente, de nuestra alma, hasta niveles de percepción donde todo se vuelve más simple y luminoso.

Esta noción de espiritualidad puede ser difícilmente aceptable para algunas personas que rechazan cualquier aproximación de este tipo. Una vez más, pues, es preciso que nos pongamos de acuerdo sobre lo que llamamos *espiritualidad*.

No se trata de la adhesión a una religión determinada, sino únicamente de la capacidad de desarrollar, de trabajar y de afinar la creencia en nosotros mismos y de hacer eclosionar el tesoro que escondemos en nuestro interior. Porque se trata efectivamente de eso, de un tesoro de instinto, de conocimiento inducido, de presciencia intuitiva, de saber inmediato... que, de repente, confiere al hombre o la mujer que somos otra dimensión. Ya no estamos clavados, pegados, absorbidos por la materialidad, sino que nos hemos liberado de todos los pesos que nos retenían y estamos dispuestos a despegar hacia la tan anhelada luminosidad.

No estamos hablando de religión, sino de creencia, de una fe revelada súbitamente en lo que somos en realidad. Porque todo el problema está ahí, en ese silencio que nos ha acompañado hasta hoy. ¿Por qué no hemos desvelado al niño que éramos la realidad de su mundo interior, de sus sorprendentes capacidades intuitivas? ¿Por qué no le hemos enseñado a escuchar esa voz interior que le hablaba muy a menudo y le ofrecía muchos consejos, le entregaba auténticos mensajes? ¿Por qué hemos preferido siempre lo concreto, lo material, lo visible, lo palpable? ¡Cuánto tiempo perdido, cuántas ocasiones desperdiciadas, cuántos silencios culpables!

Con la intuición recuperada, cada persona regresa, finalmente, al origen de todo, especialmente al origen de sí mismo, a la esencia de su vida, de la vida. En este aspecto, así se puede hablar, efectivamente, de una forma avanzada de espiritualidad, porque toda búsqueda de lo esencial, de lo absoluto, de la Luz, es eminentemente espiritual.

142

Algunos ven en la intuición una aptitud sagrada que en un momento determinado dejaría emerger la parte divina que existe en el ser humano.

De hecho, por su impacto ilimitado, por su poder de transformación de la materia, de lo mental y de lo espiritual, la intuición agudiza nuestra aptitud para encontrar la Verdad. Sin pasar por las palabras o el intelecto, nos relaciona directamente con la esencia de todas las cosas.

En nuestra civilización repleta de informaciones parciales e imágenes virtuales —que, a veces, nos conducen a algunos de nosotros a no estar más que «virtualmente» desarrollados y felices—, la intuición nos ayuda a distinguir entre la realidad y las apariencias.

Se convierte así en nuestro descodificador más fiable, en un descifrador que ninguna máquina podrá igualar nunca. Porque, bien mirado, nos pasamos el tiempo separando la verdad de lo falso, buscando lo justo, lo exacto, lo mejor... Perseguimos la verdad, tanto de los seres como de las cosas, en la situación más banal o en el mayor acontecimiento, en nuestros encuentros, durante nuestras actividades diarias, con nuestros proyectos y nuestros sueños.

Aunque no podamos hablar de religión propiamente dicha, podemos referirnos a una determinada y específica fe, una fe que vive en nosotros cuando otorgamos a la intuición su verdadero lugar.

La fe en nosotros mismos, en nuestras capacidades, en nuestra dimensión más física que material. La fe en nuestra mente y nuestro espíritu, en nuestro saber inmediato, en nuestro conocimiento inducido de todas las cosas. La fe en ese estado avanzado de la conciencia donde nos lleva la intuición más perspicaz. Una fe vibrante, solitaria y silenciosa, teñida de un respeto sin límites por lo que descubrimos de repente en nosotros. La fe, expresión de una creencia ferviente en esta Fuerza —sea cual sea el nombre que se le dé— que surge de nuestro ser, cuando al final del viaje, de esa larga búsqueda, nos encontramos por fin despojados de todas las apariencias y falsos pretextos, frente a nosotros mismos.

Escuchando a nuestro guía interior

Al regresar a la fuente de nuestro ser profundo nos reencontramos, por fin, con lo que hemos estado buscando tanto tiempo, de mil maneras, sin confesarlo, pero con una certidumbre latente: nuestro guía interior.

No nos estamos refiriendo a una de esas entidades superiores, exteriores al hombre, que se mencionan en algunos relatos. Nuestro guía interior no es ni un ángel de la guarda, ni un guía espiritual en el sentido tradicional e iniciático del término. Más humana y simplemente, es nuestra sola y única realidad, en su grandeza recuperada, en su esencia ilimitada, en sus capacidades expresándose más allá de nuestros cinco sentidos.

Nuestra existencia, centrada ya no sólo en el exterior, adquiere otro sentido cuando alcanza esa parte escondida de nosotros mismos, rica en todas las enseñanzas. Es entonces cuando la intuición encuentra toda su justificación, en ese «guía» que nos conduce con una precisión increíble y fascinante por los meandros y los laberintos de nuestra vida emocional y sensitiva, por nuestro templo interior.

Al cabo del tiempo y de las experiencias, de las decisiones y los hechos revelados, la intuición se afirma, efectivamente, como nuestro consejero más íntimo y perspicaz, el más valioso. Es, a la vez, la más pura espontaneidad del instante, el análisis minucioso e, incluso, la perspectiva a largo plazo. Como una sabiduría innata, está allí, presente en nosotros en todo momento, disponible, secreta, con una eficacia y una seguridad temibles.

Además, resulta que podemos utilizarla, llamarla, formularle preguntas... siempre con la misma fidelidad en el servicio prestado. Porque la gran novedad para nosotros es que en ningún momento nos encontramos en situación de «dependencia»: el guía del que hablamos, que trabaja desde el calor de nuestro interior, tiene como única función ayudarnos, tiene como único objetivo nuestra libertad, lo cual, hay que reconocerlo, coincide con la mayor parte de ideologías y sistemas sociales que conocemos hasta el momento.

144

Ya no tenemos que aguardar respuestas y soluciones que vengan de fuera, en una espera pasiva, convirtiéndonos en asistidos. Al modificar nuestra conciencia, la intuición nos hace acceder a una madurez diferente, a una libertad hasta entonces insospechada, mejor aún, a una autonomía total.

Nuestro guía interior se convierte entonces en el artífice de una mutación profunda: la que experimenta una persona cuya función y actos estaban pensados para un sistema y una cultura, mediante una enseñanza más bien general y superficial, que se convierte en un ser pensante por sí mismo, capaz de caminar solo y de inventar libremente, con una lucidez multiplicada, su propia trayectoria.

No debe verse en esta nueva definición del ser humano ninguna aproximación subversiva. Por el contrario, se trata de la revelación de la dimensión real del ser humano, más allá de los esquemas y conceptos puramente intelectuales que habitualmente lo desvían de lo esencial. Y, lógicamente, reconoceremos por fin que la vida surge segundo a segundo, hora a hora, día a día, desde lo más profundo de nuestro ser, y, sobre todo, que nadie mejor que nosotros mismos puede conocer su densidad y profundidad.

La vida, «nuestra» vida, se convierte entonces en algo mucho más simple: sólo debemos escuchar esa voz interior que nos guía por el tiempo, que, siguiendo las pequeñas sensaciones, los impulsos sutiles, orienta nuestro ser hacia su óptima realización, hacia su plenitud, hacia su finalidad ideal. En realidad, el único requisito es querer abrirnos y escucharnos a nosotros mismos. Pero esta es una decisión de cada uno.

De la concentración en el interior a la revalorización de nuestras relaciones con los demás

Aunque pueda parecer paradójico, el retorno a nuestro interior más profundo no es un encierro. Por el contrario, a partir de ese nuevo conocimiento, de ese restablecimiento de nuestras energías, podremos impulsar una dinámica diferente en todo lo que emprendamos fuera de nosotros mismos.

Después de regresar a lo esencial, a esa luz que baña cada cosa, lógicamente «irradiaremos» de forma distinta en todo lo que nos rodea, tanto personas como cosas. Cuando seamos «luminosos» desde el interior, no podremos guardar ese profundo conocimiento, ese saber intuido, esas certezas inefables para nuestro único provecho —¿no decían los antiguos que lo que se recibe debe ser transmitido?—. Así pues, todo lo que entre en nuestro campo de conciencia se encontrará implicado en este «renacimiento» ético y espiritual constituido por la emergencia de nuestra intuición por fin desatada.

La revelación del alcance real de nuestra propia intuición nos cambiará hasta tal punto que nuestras relaciones con los demás también evolucionarán hacia un nivel más sutil. En efecto, cuando logremos tocar lo esencial con el dedo, sin duda primero disfrutaremos de una embriaguez infinita, pero muy pronto no podremos contener el impulso natural que nos lleva a compartir sensaciones de tal pureza con los seres que nos rodean.

En primer lugar, lo haremos con nuestros seres más próximos, que se beneficiarán de este renacimiento interior, abiertamente o de forma sutil, pero siempre con ese mismo fervor por compartir, por intercambiar, situado ahora en cimas nunca antes alcanzadas. Es preciso ver en esto el efecto de esa paz interior, de esa serenidad que nos embriaga cuando sabemos que nuestro guía interior realiza tranquilamente su trabajo y que le damos nuestro apoyo conscientemente. El equilibrio y la armonía internos son comunicativos: ¿quién podría percibirlos mejor, vivirlos junto a nosotros —y finalmente compartirlos—, que los seres que nos son más queridos, con los que, en una cómplice ósmosis, mantenemos ya relaciones privilegiadas?

Seguidamente, más allá de nuestro círculo más íntimo, se dibuja el de los amigos y, después, el que afecta a las relaciones profesionales. En ambos casos, nuestra fuente aparecerá de una forma más o menos superficial, en función de la naturaleza de las relaciones mantenidas con nuestros interlocutores. Sin embargo, no hay que ver en ello ninguna barrera para la transmisión del contenido de nuestra experiencia; simplemente, según el tipo de relación que mantengamos con una persona determinada, le diremos las cosas o bien las viviremos en estado vibratorio, con otra forma de lenguaje, pero junto con ella. A menudo, los intercambios se orientan hacia esta segunda solución, ya que puede ser difícil —y a veces poco oportuno— presentar abiertamente cuestiones tan íntimas como la naturaleza de una intuición (por ejemplo, sobre un proyecto profesional) o nuestro funcionamiento permanente con nuestro guía interior.

La propagación natural de nuestro «despertar intuitivo»

Una cosa es cierta: nuestro estado general ha cambiado profundamente desde la emergencia de nuestra nueva comprensión de la intuición —en términos de recuperación...—; en consecuencia, ya no podemos ser «como antes» con todos los que nos rodean. Por un simple efecto de onda expansiva nuestra mutación implicará un cambio también en las personas que nos rodean, con las que nos vamos a encontrar. No tiene que ser, a la fuerza, en hechos o palabras, de forma claramente inteligible, sino que, ciertamente, también puede ser en la profundidad de los intercambios inducidos, de las relaciones subyacentes de inconsciente a inconsciente, de magma de energía a magma de energía.

En efecto, nuestro acercamiento a la Luz, a la esencia de las cosas, al fundamento inicial de la vida, no puede dejar indiferente a un ser humano que se nos acerque y no viva este tipo de experiencia, no «vibre» diariamente con tal intensidad. Como consecuencia, nuestra propia evolución estimulará, entrenará, desencadenará la de los demás. No para que saquemos algún provecho de ello o para intentar imponer una forma de percibir el mundo, sino por un simple proceso energético de inducción y de influencias de los campos de fuerza.

A fin de cuentas, no hay nada aquí demasiado lógico: desde el momento en que accedemos a una presciencia, a un conocimiento de lo esencial y de la Verdad, desde el momento en que llegamos a esa fuente original de todo ser y toda cosa que se llama Luz, nos encontramos literalmente «cargados de sentido», como una pila acumulando energía que deberá gastar en otra parte, cosa que se produce con el contacto con todos los que, sin saberlo, están todavía buscando esa fuente luminosa que marca nuestra existencia con el sello de la individualidad, pero que es, no obstante, común a todos.

Una responsabilidad moral y espiritual

Obviamente, tenemos una función que desempeñar, no tanto para influir en el curso de las cosas, en ese intercambio sorprendentemente fuerte y sutil, sino para asumir su existencia. Una vez más, es preciso que nos alejemos de los riesgos inherentes a la instauración de este tipo de relaciones y que llevan por nombre: desbordamiento del ego (encerrarse en la soledad), transferencia al otro (olvidar que el otro no piensa forzosamente como nosotros), confusión entre nosotros mismos y los demás (proyección de nuestra vida en los demás), instauración de un poder (relación de dominación)...

Estos riesgos, por la gravedad de las consecuencias que pueden engendrar si no tenemos cuidado, demuestran claramente que la emergencia de nuestra intuición conlleva inevitablemente la asunción de una auténtica responsabilidad ética, moral, espiritual. De la misma forma que nuestra intuición se convierte en nuestra baza principal, en nuestro cómplice íntimo de cada instante, que nos ayuda a evolucionar y así eleva el nivel de nuestra conciencia, tenemos que desempeñar un papel frente a los que nos rodean.

Podemos enseñarles el camino del despertar que hemos vivido nosotros, del retorno al ser profundo que se esconde en cada persona, con la condición, sin embargo —y es un imperativo—, de no interferir en su propio ritmo de evolución, ni intentar imponer nuestras propias concepciones a cualquier precio y por cualquier medio.

Esto significa que podemos generar una dinámica de apertura al otro que puede llegar a una relación de ayuda, abiertamente declarada o formulada sólo tácitamente, pero nunca, nunca jamás, con el propósito de sacar algún provecho, ni siquiera el más pequeño ni el inducido de forma más simple.

En ningún caso nuestra tarea debe ir más allá del simple hecho de entreabrir una puerta, de dar a conocer nuestra propia experiencia de regeneración y de despertar a través de la intuición. Cada persona deberá dibujar su propio camino, descubrir en su interior los recursos que le son propios y dar rienda suelta a su creatividad. Podremos darle una idea sobre la Luz, hablarle de nuestro despertar, traducir nuestra manera de funcionar diariamente con esa maravillosa baza que constituye la intuición optimizada..., pero será el otro, frente a sí mismo, en su fuero interno, el que descubra y desarrolle plenamente el potencial que existe en él, en función de sus propias aspiraciones (y no de las nuestras).

Sólo entonces, juntos, por fin reunidos en la misma longitud de onda —la única auténtica—, podremos caminar unidos hacia un futuro sinónimo de autenticidad y florecimiento, de equilibrio y respeto mutuo, para construir en perfecta simbiosis, *sobre el hilo rojo de nuestras intuiciones recuperadas*, un mundo futuro con la dimensión de nuestro retorno a lo esencial.

Conclusión

Existen algunos días, algunos encuentros, algunas aventuras... que nos marcan más que otros. Antes de que nos preguntaran súbitamente por su contenido fuera de lo común, nada dejaba percibir el trastorno que estaba a punto de llegar.

Y de pronto aquí está: frente a nosotros, a nuestro alrededor, en nosotros. Nos hemos sumergido de mil maneras distintas, pero siempre con el mismo replanteamiento de nuestras costumbres, de nuestra pequeña persona. Nos embriaga una ola de emociones, de sensaciones, de escalofríos, pero también de dudas e incertidumbres que nos alejan de lo que eran hasta el momento nuestras referencias.

Descubrir la intuición, la propia intuición, es un viaje que marca a la persona, que deja huellas indelebles en el hombre o la mujer que somos. Porque el descubrimiento vibrante y trémulo, el tuteo con lo desconocido, no se efectúa en el exterior de este universo que nos rodea, sino en las profundidades de este «otro mundo» que se encuentra en nosotros.

Esta es la diferencia con lo que entra y sale de nuestra vida, día tras día. La intuición manifestada hasta en sus más secretos arcanos, en su lento proceso de maduración, en su traducción de nuestro ser más íntimo, replantea demasiados temas, es demasiado estructural para parecer insustancial.

No es sólo un avatar, una anécdota que nos hace sonreír de vez en cuando; es una parte integrante de nosotros mismos, uno de esos detalles motores de nuestra existencia y, por su perturbadora perspicacia, de nuestra comprensión del mundo.

Más allá de la apariencia superficial de nuestro día a día, se revela tan omnipresente como indispensable, como un escudo tan seguro como invisible.

La gran revelación del viaje al seguir las huellas de este fenómeno tan desconocido es que la intuición, en realidad, nos pertenece.

Los mensajes que nos envía sutilmente, las respuestas que nos da con su fría seguridad, los consejos que nos prodiga siempre en el momento adecuado, los avisos que nos manda a veces con urgencia, son todos ellos expresiones de un sobresalto de nuestro ser íntimo y profundo, en los avatares de la existencia, con las exigencias y las obligaciones que nos hace padecer nuestra civilización.

Es preciso ver la marca evidente de un saber mucho más que intelectual o mental. Se trata, por consiguiente, de un reconocimiento innato, que cada uno de nosotros lleva en sí mismo sin saberlo. La intuición es sólo el revelador, el transformador de esos datos básicos en informaciones inteligibles para la mente humana.

Esto es lo mismo que decir que todo ser, que ha buscado incluso en sí mismo los recursos de comprensión y entendimiento necesarios para enfrentarse a situaciones que debe afrontar, «sabe», conoce las respuestas a las preguntas que se plantea.

Se trata de una importante revelación y constituye, sin duda, el único mensaje de la intuición: cada uno es dueño de su futuro, ya que será este, a fin de cuentas —al ser su fuente original—, el que determinará lo que puede o debe ser su intuición.

De entrada, lo que era sólo una curiosidad un poco terrenal, una inquietud como muchas otras, se convierte, de pronto, en un vuelo hacia cimas inexploradas. Al regresar a la fuente de nosotros mismos, la intuición no sólo nos hace penetrar en la esencia de nuestra vida, sino que también nos permite acceder a una dimensión realmente espiritual de nuestra trayectoria.

Por su capacidad de codearse con la esencia de las cosas, de tocar la absoluta longitud del tiempo y, por consiguiente, de aproximarse a esa Luz cuya existencia reconocen y admiten todas las civilizaciones antiguas y las tradiciones más auténticas, la intuición lleva indiscutiblemente en sí el germen de nuestro despertar a otra conciencia. Y, por tanto, a otra forma de vida.

Gracias a sus intervenciones, nos conduce calladamente a otra versión del universo, donde no existen límites ni barreras, donde el ser íntimo de cada persona ya no está separado de su representación material por un conjunto de reglas arbitrarias o prohibiciones sociales y sectarias, donde el hombre, regresando a la Luz, descubre simplemente una dimensión mucho más que humana.

Algunos dirán que esta es otra historia, pero quizás, después de intentar darle sentido durante mucho tiempo a nuestra existencia, sea este, en realidad, el principio de la auténtica vida.

Bibliografía

AUBIN, Henry, *Les Univers parallèles*, Éditions Présence, Sisteron, 1982.

BAUDOUIN, Bernard, *Le Pouvoir des formes qui nous entourent*, Éditions Tchou, col. «La nuit des mondes», 1988.

— *Comment pratiquer la radiesthésie*, Retz, col. «Mieux être», 1989.

— *Les Phénomènes de perception*, Éditions De Vecchi, 1996.

BERGSON, Henri, *Ensayo sobre los datos inmediatos de la conciencia*, 1889.

— *Memoria y vida*, 1896.

— *La evolución creadora*, 1907.

— *La energía espiritual*, 1919.

— *El pensamiento y lo moviente*, 1934.

BERNIS, Jeanne, *L'Imagination*, Presses Unversitaires de France, col. «Que sais-je?», 1969.

CHARON, Jean, *L'Esprit, cet inconnu*, Albin Michel, 1977.

DARCHE, Claude, *Libérez votre intuition*, Éditions du Rocher, col. «Âge du Verseau», 1995.

DE LA GARANDERIE, Antoine, *L'Intuition*, Bayard Éditions, 1995.

FLUCHAIRE, Pierre, *La Révolution du rêve*, Dunod, 1985.

GEE, Judee, *Comment développer votre intuition*, Éditions Dangles, col. «Initiation», 1995.

GIFFARD, Michel, *Développez votre intuition et celle de votre équipe*, ESF Éditions, 1992.

LE SAGET, Meryem, *Le Manager intuitif: une nouvelle force*, Dunod, 1992.

RICHET, Charles, *Notre sixième sens* (1928), Artha Chiron, 1995.

SHELDRAKE, Rupert, *Une nouvelle science de la vie*, Éditions du Rocher, 1985.

www.ingramcontent.com/pod-product-compliance
Lightning Source LLC
Chambersburg PA
CBHW071346090426
42738CB00012B/3039